뇌를
알면
행복이
보인다

뇌교육자와 뇌과학자의
두뇌 이야기

뇌를
알면
행복이
보인다

일지 이승헌 한국뇌과학연구원 원장
신희섭 한국과학기술연구원 신경과학센터장 지음

브레인월드

세도나 여행길에 오른 까닭 — 신희섭

우리의 일상은 뇌가 있어서 가능합니다. 뇌사 상태를 보면 확연히 알수 있는 사실입니다. 그래서 우리는 뇌가 우리의 몸을 지배한다고 막연히 느끼게 됩니다. 그러나 거꾸로 몸이 뇌를 지배할 수 있다는 것은별로 생각하지 못합니다. 건강한 육체에 건강한 정신이 깃든다는 말이바로 이러한 의미를 지니고 있음을 간과합니다. 배가 아파서 화장실이급한 때에 상대방이 하는 중요한 얘기가 귀에 들어올 리 없습니다.

　실제로는 뇌와 몸을 구분하는 것이 의미가 없는 일입니다. 몸과 뇌는 하나이지만 우리가 쉽게 뇌에 영향을 줄 수 있는 방법은 몸을 통해서입니다. 뇌에 영향을 줄 수 있는 수많은 방법들이 있습니다. 우리가오감을 통하여 받아들이는 모든 정보, 근육과 골격의 움직임을 수반하는 모든 행동, 매일 취하는 모든 음식들이 뇌에 영향을 줍니다. 각종무술 수련, 단전호흡, 요가, 명상 등은 이와 같은 뇌와 몸의 뗄 수 없는 관계에 대한 성찰을 바탕으로 개발된, 뇌에 긍정적인 영향을 미치는 방법들입니다. 그런데 이러한 다양한 수련 방법들이 추구하는 것이 사실은 우리 몸이 본래 가지고 태어난, 그러나 세상을 살면서 너무나 오래 동안 잊어버렸던 기능을 회복시키는 것임을 알 수 있습니다. 갓난아기는 배를 볼록볼록하면서 복식호흡을 하는 것이 한 예입니다.

몸과 뇌에 대한 관심에는 연구자로서뿐 아니라 나 자신에 대한 탐구가 겹쳐 있습니다. 호흡하는 감각을 되찾고 몸이 타고난 기능을 깨우는 것은 내 일상의 일이고, 그 방법과 원리를 찾는 것은 내 연구 주제입니다. 3년 전, 광화문의 신문회관에서 개최된 HSP시연회에 이승헌 원장님의 초청을 받았을 때 나의 일상과 연구, 둘 다의 필요에 따라 흔쾌히 참석했습니다. 그 자리에서 학생들이 눈을 가린 상태에서 카드에 있는 글자, 도형, 색깔 등을 맞추는 것을 처음으로 보면서 반신반의했던 기억이 납니다. 그 후로 몇 차례 가까이에서 HSP시연을 관찰하면서 이와 같은 일이 실제로 일어나고 있는 현상임을 알게 되었고, 당연히 신경과학자로서 관심을 갖게 되었습니다. 관찰할 수 있고, 측정할 수 있는 현상은 과학적 연구의 대상이 될 수 있다고 생각했기 때문에 나는 HSP현상을 연구해 보고 싶은 마음이 들었습니다.

이후에 뇌과학연구원을 방문하여 실제로 몇 차례 HSP 수련을 받아 보면서, HSP가 '눈을 가리고 글자를 읽는 것' 이상의 더 근본적인 뇌의 문제를 다루고 있음을 알게 되었습니다. HSP는 기본적으로 뇌와 몸을 더 깊이 연결하고, 잠재된 기능을 발현시키는 과정이었습니다. HSP에 대한 나의 관심은 두 가지였습니다. 하나는 HSP 수련이 뇌에 어떻게 영향을 주는가를 살피는, 연구 대상으로서의 관심이고, 다른 하나는 나 자신이 이를 직접 체험해 보고자 하는 것이었습니다. 공동 연구는 이미 시작되었고, HSP수련에 의한 변화 현상을 과학적으로 설명하는 일이 우선은 중요한 일입니다.

2005년 늦은 가을, 미국의 서부 도시 세도나에 갈 기회가 생겼습니다. 이 곳에서 HSP를 연구하는 분들과 함께 연구에 대해 논의하는 모임이 있었는데, 미국에 HSP를 크게 확산시키고 있는 현장이 궁금하기도 해서 그 본부를 찾았습니다. 황량한 애리조나의 붉은 벌판 한가운데로 작은 강이 흐르고, 그 강을 따라 활엽수들이 자라는데, 이를 따라 생겨난 도시가 세도나입니다. 세도나 시내에서 자동차로 반시간 정도 비포장 길을 따라 황야를 달려 HSP본부에 도착했습니다. 그곳은 황야 한가운데의 조그마한 오아시스에 자리하고 있었습니다. 뒤편 언덕에 오르면 붉은 흙의 건조한 벌판이 멀리까지 펼쳐 있는 광경이 내려다보이고, 저 멀리 벌판의 끝에는 붉은 바위의 언덕들이 병풍처럼 둘러 서 있었습니다. 건조한 덤불 식물들과 작달막한 침엽수들이 덩어리져 자라고 있는 벌판이 병풍에 감싸여 있는 풍경은 묘한 평화로움을 주었습니다. 그냥 가만히 있기만 해도 저절로 명상이 될 것 같은 그런 분위기였습니다.

그 곳에서는 마침 HSP 워크숍이 열려 미국 전역에서 모인 많은 젊은이들이 행사에 참여하고 있었습니다. 그들의 모습에서 차분하면서도 동시에 대단한 에너지가 꿈틀거리고 있음을 느꼈습니다. 이들이 미국에서 HSP수련을 보급하고 확산시키는 주인공들이고, 많은 미국인들이 이들을 통하여 자기 자신의 본래 능력을 회복하고 있을 것입니다. 새로운 문화 현상의 현장을 보고 있다는 생각이 들었습니다.

또 그 곳에서 HSP를 개발한 이승헌 원장님을 만나 몸과 뇌와 마음에 관한 이야기를 나눴습니다. 원장님과 저는 뇌에 대해 접근하는 방식에 차이가 있었고, 해석을 달리하는 부분도 적지 않았습니다. 하지만 뇌에 대한 이해와 활용의 방향은 같았습니다. 서로의 다름과 같음을 흥미롭게 즐겼는데, 그때 나눈 이야기들이 이 책에 실려 있습니다. 제 강연도 글이 되어 함께 담깁니다. 말을 글로 옮기니 엉성한 부분이 많습니다. 이야기를 듣는 느낌으로 글을 따라가면 좋겠습니다. 이승헌 원장님 부분은 그동안 많은 사람과 나눈 대화 중에 오간 질문과 답변을 정리해 놓은 것이어서 컨설팅 하듯 실제적인 도움을 줄 것입니다.

HSP수련은 그 자체로서 사람들에게 도움이 되고 있습니다. 그런데 이왕이면 이를 과학적으로 분석하고 소개하여 뇌과학을 연구하는 사람들이 보기에도 '아, 이것이 흥미로운 현상이구나. 이제껏 몰랐던 우리 몸의 원리로구나. 그런데 뇌에서 어떻게 이러한 현상이 일어나는 것일까' 하는 관심을 가질 수 있게 한다면 좋겠습니다. 과학이 할 일입니다. 현상이 있는 한 연구의 대상이 될 수 있으니까요.

2006년 10월

신희섭

차례 ○ ○ ○

(2부) 뇌가 마음인가

이승헌 원장의 두뇌 이야기

3부 뇌과학과 뇌교육의 만남, 통합을 위하여
이승헌 원장과 신희섭 박사의 대담

뇌가 몸을
지배
하는가

신희섭 박사의 두뇌 이야기 ○

뇌와 몸의 관계에서 주제는
'누가 주인인가' 하는 점입니다.
뇌가 몸을 지배하는 것처럼 보이는데
과연 그러한가. 뇌는 몸 위에
군림하는 독재자인가.

뇌에서 무슨 일이 일어나는가

삶을 가능하게 하는 요건에는 무엇이 있을까요. 일일이 꼽아보는 것이
별 의미가 없을 만큼 많은 요건들이 떠오를 것입니다. 그 중에서 가장
기본적인 것을 들라면 뭐가 될까요. 뇌입니다. 뇌는 보이지 않는 두개
골 속에 조용히 들어 있어서인지, 뇌가 우리의 생존과 생활에 기본을
이룬다는 사실을 대체로 잊고 지내죠. 뇌가 무슨 일을 하는지는 뇌가
기능을 잃으면 어떻게 되는가를 보면 금방 알 수 있습니다. 웃고 화내
고 우울하고 즐겁고 슬픈 모든 감정, 보고 듣고 말하고 읽고 생각하고
상상하는 모든 사고 작용, 먹고 소화시키고 움직이고 잠자는 모든 행
동이 뇌의 기능입니다. 그러니 뇌가 기능을 잃으면 모든 것이 끝나는
것이죠.

　뇌가 하는 일은 기본적으로 바깥에서 오는 정보를 알아차리는 것입
니다. 여기서 '바깥'이란 몸을 둘러싼 외부 환경뿐 아니라 내장을 비
롯한 몸 속의 다른 기관들도 포함합니다. 내장도 뇌에서 보면 바깥입
니다. 우리 몸의 모든 곳에서, 모든 세포에서 뇌에 정보를 보냅니다.
눈, 코, 입, 귀, 피부뿐 아니라 내장, 그리고 내장과 내장 사이 등 몸의
어느 구석도 뇌와 연결되지 않은 곳이 없습니다. 이 연결이 있음으로

해서 뇌가 작업을 합니다. 연결을 차단하면 뇌는 정보를 받지 못해 반응을 하지 않습니다.

그럼 뇌는 왜 정보를 필요로 할까요? 밥 짓는 냄새를 맡으면 식욕이 일고, 피부에 뜨거운 열기가 닿으면 얼른 몸을 피합니다. 정보는 살기 위해 필요한 것입니다. 정보에 반응하여 행동을 취하기 위해 뇌는 정보를 받아들이는 것이죠.

뇌에서 일어나는 일을 가장 단순하게 보면 정보가 들어오고 나가는 것, 이 두 가지입니다. 그러나 실제로 정보가 들어와서 나가기까지 뇌에서는 엄청난 일이 일어나지요.

뇌에 어떤 정보를 주는가, 뇌가 정보를 어떻게 처리하는가, 이 두 가지에 의해 우리의 건강과 성격과 재능 같은 개별적 특성들이 만들어집니다.

머리가 좋다는 것은 무엇인가

예전에는 흔히 수학 문제 잘 풀고 기억 잘 하는 것이 머리가 좋은 것인 줄 알았죠. 저는 어릴 때 운 좋게 공부를 잘 했는데, 학교 친구들 중에는 공부는 못해도 몸집이 크고 운동을 잘 하는 아이들이 있었습니다. 요즘으로 치면 '짱'인 그 아이들은 때로 저를 도와주기도 했는데, 저는 그 아이들을 보면서 '쟤들은 머리는 안 좋아도 마음은 착하구나' 하고 생각했습니다. 그러나 세상을 살다 보니, 게다가 뇌 연구를 하고 보니 그것이 아니었습니다. 마음씀씀이가 좋은 것도 머리가 좋은 것이고, 운동을 잘 하는 것도 머리가 좋아서임을 분명히 알게 됐습니다. 야구 선수 박찬호나 이승엽, 골프 선수 박세리, 피겨스케이팅 선수 김연아 같은 사람들은 머리가 매우 뛰어난 이들입니다. 그들의 손이나 발이 잘 하는 것이 아닙니다. 물론 손과 발을 잘 써야 하지만, 그렇게 하게 하는 머리가 좋은 것입니다.

피아노 연주자나 한석봉의 어머니 같은 이들이 보이는 능숙함은 그러니까 손에 밴 것이라기보다 뇌에 뱄다고 하는 표현이 맞습니다. 이는 조금 생각해 보면 금방 알 수 있는 사실입니다. 손가락을 몇 개 잃어도 피아노를 계속 칠 수 있지만, 뇌를 다치면 열 손가락이 멀쩡해도 피아노를 칠 수 없습니다. 실제 네 개의 손가락만으로 감동적인 연주를 펼치는 피아니스트가 있지 않습니까.

운동, 연주, 노래, 연기, 그림 같은 특정한 재능에 한하여 머리의 좋고 나쁨을 따질 일도 전혀 아닙니다. 일상적으로 숨 쉬고 움직이는 것만도 뇌의 놀라운 기능입니다. 걷는 동작을 성공적으로 수행하기 위해 뇌에서 지시하는 사항은 경이로울 만큼 복잡하고 빠르고 정확합니다. 잘 기억이 나지 않겠지만, 우리는 모두 이렇게 걸을 수 있게 되기까지 아기 시절에 굉장히 힘들게 연습하며 실력을 쌓아야 했죠.

우리 실험실에서는 주로 생쥐를 통해 뇌기능을 연구하는데, 최근의 한 실험에서 흥미로운 관찰을 했습니다. 생쥐에게 미로에서 길을 찾아 목표지점에 이르게 하는 실험인데, 대부분의 생쥐들은 실험을 거듭할수록 미로에서 헤매는 시간이 줄어들고 목표지점에 차츰 빨리 도착합니다. 그런데 이 미로 찾기에 영 재주가 없는 한 생쥐가 운동 학습을 하는 실험에서는 단연 두각을 나타냈습니다. 그 생쥐는 운동뇌가 뛰어난 녀석이었던 것이죠.

'굼벵이도 구르는 재주가 있다'는 속담이 있습니다. 예전에는 IQ만 따졌는데 이후 다중지능 이론이 나오고 EQ, MQ, SQ 같은 지능 개념이 등장하면서 좋은 머리에 대한 인식이 달라지고 있습니다. 뇌의 여러 기능이 떨어진다는 다운증후군을 가진 사람도 마음이 유독 착하다면 그에 해당하는 머리가 뛰어난 것입니다.

유전은 설계자, 환경은 시공자

숨 쉬고 걷는 것은 매우 대단한 기능입니다. 이 모든 것을 해내는 뇌는 유전자를 근거로 하여 만들어집니다. 유전자는 우리 몸의 기본 구조와 기능을 짜 넣는 설계도면입니다. 뇌도 유전자의 기본 설계에 따라 만들어지지만 그 위에 환경과 경험이 작용하면서 다양성이 생겨납니다. 똑같은 설계도를 갖고도 부실업자가 시공하면 건물에 많은 문제가 발생하는 것처럼, 같은 유전자가 주어져도 환경과 경험의 내용과 정도에 따라 전혀 다른 뇌가 될 수 있습니다.

신생아 때 400그램 정도인 뇌가 성인이 되면 1,400그램까지 커지는데, 그 사이에 일어나는 변화란 엄청난 것입니다. 유아기, 청소년기, 성인기의 뇌를 MRI로 찍어보면 시기별로 뇌의 활동 양상이 다릅니다. 크기가 점점 커질 뿐 아니라 구조와 기능 자체에 차이가 나타납니다. 이러한 변화는 설계도면에 의한 것만이 아니라, 환경과 경험의 영향을 크게 받습니다. 환경과 경험은 태어나기 이전, 엄마 뱃속에 있을 때부터 작용합니다. 그래서 태교가 중요하죠.

성장기를 거치면서 뇌는 계속 변화합니다. 특히 사춘기의 뇌는 성인의 뇌와 큰 차이를 보입니다. 이것은 사람뿐 아니라 쥐나 원숭이의 경우에도 그렇습니다. 서양에서는 사춘기 아이들을 외계인이라고도 하는데, 전전두엽이 부풀어오를 만큼 활발히 변화하는 십대의 뇌는 활동 양상이 성인과 많이 다를 수밖에 없습니다. 그런데 성인들은 보통 십대 아이들이 머리가 다 컸다고 생각하기 때문에 아이들의 좌충우돌을 반항으로 해석하고 화를 냅니다. 그러나 십대의 시기에 뇌는 그렇게 작용하도록 예정되어 있는 것입니다.

십대의 뇌는 경험과 학습을 통해 차츰 성인의 뇌로 성장해 갑니다. 경험과 학습이란 한 인간이 겪는 모든 것입니다. 우리 몸에 신경이 닿지 않은 곳이 없듯이, 우리를 둘러싼 모든 것에서 뇌는 경험과 학습을 위한 정보를 받아들입니다.

동물 실험으로 인간의 뇌를 알 수 있을까

모든 뇌 연구는 인간의 뇌를 알기 위한 것인데, 살아 있는 사람을 대상으로 뇌 연구를 하는 데는 한계가 있습니다. 그래서 동물 모델이 필요합니다. 동물에게는 미안한 일이지만 동물 모델이 없으면 유전자를 바꾸거나 수술을 해야 하는 실험을 할 수가 없습니다.

뇌 연구에서는 실험 대상으로 생쥐를 가장 많이 이용합니다. 생쥐 유전자의 99%가 인간의 유전자에서도 발견됩니다. 유전자 서열은 동일하지 않지만 기본적인 구조와 기능이 같기 때문에 생쥐 모델을 통해 인간의 뇌를 연구할 수 있습니다.

생쥐가 동물 모델로 적합한 또 다른 이유는 번식력이 좋기 때문입니다. 실험을 하려면 개체수가 많아야 합니다. 멘델이 완두콩으로 유전학을 연구했듯이 말이죠. 생쥐는 새끼를 한 번에 6~12마리 정도 낳고, 세대 간격이 짧습니다. 1년에 4대 이상 번식해서 고조할아버지부터 5대가 같이 살 수 있습니다. 생쥐 커플마다 한 번에 열 마리씩 낳는다고 하면 개체수가 1년에 엄청나게 많이 불어납니다. 그래서 생쥐 모델이 유전학 연구에 적합합니다.

생쥐를 모델로 연구할 수 있는 분야는 아주 다양합니다. 사람이 겪는 대개의 상황을 생쥐에게도 적용할 수 있기 때문입니다. 스트레스와 놀이행동에 관한 연구 같은 것이 그 예입니다. 동물도 사람과 마찬가지로 스트레스를 겪습니다. 북극에 살던 곰이 동물원으로 오면 얼마나 괴롭겠습니까. 개나 고양이 같은 반려동물도 주인이 집을 비우면 극심한 스트레스를 느낍니다. 그래서 동물용 장난감이 다양하게 등장하고 있지요. 물고기들도 놀이를 합니다. 물고기가 생존과 관계없는 행동을 즐겨 하는 모습을 보고 연구자가 그것을 놀이로 해석을 한 것이죠. 스트레스와 놀이는 매우 중요한 생존 요건이고, 둘은 짝을 이룹니다. 생쥐를 통해 스트레스와 놀이의 상관관계를 밝히는 실험이 가능합니다.

생쥐의 특정 유전자를 변형시켜 돌연변이를 만들어 연구하기도 합니다. 예를 들어 폭력에 관한 연구를 할 때, 어떤 유전자가 공격성을 증가시키는지 찾기 위해 생쥐의 유전자를 변형시켜 돌연변이 쥐들을 만듭니다. 공격성이 증가한 수놈 돌연변이 생쥐의 장에 다른 수놈 생쥐를 넣으면 돌연변이 생쥐는 침입자가 죽을 때까지 싸울 정도로 강한 폭력성을 드러냅니다.

호기심에 관해 연구하기도 합니다. 인간은 왜 호기심을 가질까 하는 물음에서 시작된 연구입니다. 새로운 것은 호기심을 자극하죠. 호기심은 굉장히 강력한 유혹입니다. 새로운 것은 흥미롭지만 위험하기도 합니다. 그래서 어떤 사람은 호기심이 일어도 망설이다가 포기하고,

어떤 사람은 위험을 무릅쓰고 호기심 충족에 나섭니다. 보통 생쥐의 장에 정체불명의 뭔가를 넣어주면 보통 생쥐는 이게 뭔가 하고 수상쩍어하면서 냄새를 맡으며 가만히 살피다가 조금 지나면 더 이상 관심을 보이지 않습니다. 그런데 호기심 많은 돌연변이 생쥐의 장에 새로운 물건을 넣으면 아주 적극적인 탐색이 일어납니다. 종이에 싸서 넣으면 종이를 벗겨내기도 하죠.

공포 연구도 흥미로운 분야입니다. 생쥐는 고양이나 집쥐를 무서워합니다. 태어나서 한 번도 고양이를 본 적이 없는 생쥐도 고양이 털 냄새만으로 공포를 느낍니다. 쥐가 공포를 느끼면 똥을 눕니다. 그래서 똥의 개수를 세어 공포를 얼마나 느꼈는지 가늠하기도 합니다.

새로운 것에 대한 반응은 두 가지입니다. 호기심 아니면 두려움. 이 두 가지가 적절히 협상하여 행동 양식을 만들어 내는 것이죠.

공포가 없는 돌연변이 생쥐도 만들 수 있습니다. 이 돌연변이 생쥐는 보통 생쥐와는 달리 공포를 느끼지 않습니다. 보통 생쥐는 투명한 칸막이를 사이에 두고 고양이와 같은 장에 있어도 고양이 반대쪽에 웅크리고 있습니다. 그런데 돌연변이 생쥐는 칸막이를 치워도 겁을 내지 않고 도망가지도 않습니다. 공포가 없는 생쥐는 결국 고양이에게 잡아먹히겠죠.

공포는 생존을 위해 작동합니다. 적절한 공포는 살아남는 데 필수적인 감정입니다. 겁도 없이 까불다가는 잡아먹히고 말죠. 진화 과정에서 겁 없는 쥐는 다 없어지고 공포를 느끼는 쥐만 살아남은 것입니다.

생쥐 앞에 고양이 털을 놓으면 냄새가 코로 들어가서 후각신경에 전달되어 뇌로 올라가고 그 신호가 공포 회로로 직접 들어가서 공포 반응을 일으키는데, 이 작용이 즉각 일어나도록 유전자에 입력되어 뇌에 기본 기능으로 배선되는 것입니다.

돌연변이를 만들어서 쥐가 병에 걸리게 할 수도 있습니다. 그런 다음 이 생쥐를 질환 모델로 하여 치료 방법에 대한 연구를 하는 것이죠.

생쥐도 공부를 할 수 있습니다. 수중에서 목표 지점을 찾아가는 실험을 통해 공간 학습이 가능한지를 보았습니다. 물을 채운 커다란 통 속에 쥐를 넣습니다. 물을 싫어하는 쥐가 헤엄쳐서 오를 수 있는 작은 섬을 수면 아래에 미리 만들어 둡니다. 물에 빠진 쥐는 이리저리 헤엄치며 물통 속을 헤매다 섬을 발견합니다. 첫 날에는 섬을 찾기까지 시간이 많이 걸리지만 실험이 반복될수록 시간이 차츰 짧아집니다. 물통 바깥의 벽에 그려진 표지를 지형지물로 이용하여 수면 아래에 있는 섬의 위치를 추적하여 찾아갑니다. 보통 생쥐는 첫 날 40~50초 정도 걸리는데 똑똑하게 돌연변이시킨 생쥐는 첫 날은 비슷하지만 둘째 날부터는 훨씬 빨라집니다. 이후에 기억이 얼마나 지속되는지도 관찰합니다. 기억을 잘 못하는 생쥐는 물통 속에서 다시 방황하게 되는 것이죠. 이 같은 실험을 통해 학습에 관여하는 뇌작용의 원리를 알 수 있습니다.

그런데 여기서 짚어야 할 점이 있습니다. 보통 생쥐와 똑똑한 생쥐가 학습 능력에 차이를 보이지만, 훈련을 계속하면 나중에는 비슷해진다는 것입니다. 열심히 하면 똑똑한 사람, 재능을 타고난 사람과 다를 바 없이 된다는 것이죠. 월드컵 당시 이영표 선수가 한 인터뷰에서 "어떻게 그렇게 축구를 잘 하는가" 하는 질문을 받고 이렇게 답했습니다. "재능을 타고난 사람, 능력이 뛰어난 사람이 열심히 하는 사람을 못 당한다. 그리고 열심히 하는 사람이 즐겁게 하는 사람을 못 당한다."

누구나 즐기면서 열심히 하면 분명히 잘 할 수 있습니다. 즐겁게 하면 뇌의 효율이 크게 높아지기 때문입니다. 쾌감중추가 자극돼야 뇌와 몸이 의욕적으로 움직이는데, 즐거우면 그 추진력이 더 강하게 나타나는 것입니다.

가장 거대한 네트워크

옛날에는 뇌와 행동을 연결하기가 어려웠습니다. 뇌는 들여다볼 수 없는 블랙박스였기 때문입니다. 행동을 보고 어떤 상황이겠구나 짐작만 할 뿐 그것이 뇌와 어떻게 상호작용하는지를 알지 못했습니다. 그러나 요즘은 MRI, fMRI, PET 같은 뇌 촬영기를 이용해 살아있는 사람의 뇌를 들여다볼 수 있습니다. 동물에게 사용할 수 있는 기술은 이보다 더 많습니다. 이러한 뇌 관찰기술이 발달한 덕분에 실제 뇌 속을 들여다보면서 뇌와 행동과의 관계를 이해하게 되고, 모든 행동과 정서에는 뇌가 작용하는 것을 알게 됐습니다. 그리고 그런 작용의 원리가 무엇이고, 어떤 과정을 거치는지에 대한 연구도 하게 되었습니다.

사람의 뇌 속에는 대략 1천억 개의 신경세포가 있습니다. 그 신경세포 하나하나가 평균 1천 개의 신경 접점을 가집니다. 엄청난 규모이죠. 뇌는 신경과 신경 사이의 시냅스를 통해 연결되어 거대한 신경 네트워크를 이룹니다. 신경을 타고 뇌 속으로 들어온 전기신호가 시냅스를 건너다니면서 정보 네트워크를 만드는 것입니다.

뇌를 흔히 컴퓨터와 비교하는데, 비슷한 면이 없지는 않지만 두드러지게 큰 차이가 있습니다. 뇌와 컴퓨터가 둘 다 정보처리를 한다는 점에서는 같지만 하드웨어와 소프트웨어의 관계는 근본적으로 다릅니다.

컴퓨터는 하드웨어와 소프트웨어가 명확히 분리돼 있어 어떤 소프트웨어를 넣는가에 따라 프로그램이 달라집니다. 이전에 쓰던 소프트웨어를 깨끗이 지워버리고 언제든 새로운 소프트웨어를 적용할 수 있습니다.

하지만 뇌는 하드웨어와 소프트웨어가 분리되지 않습니다. 소프트웨어가 만들어지면서 회로 자체를 변화시키기 때문입니다. 기억들이 뇌 속에 떠 있는 것이 아니라, 정보가 처음 들어온 때부터 실제로 뇌 회로의 변화를 수반하면서 존재하는 것입니다. 따라서 과거의 경험이 현재의 정보처리 과정에 영향을 미칩니다. 과거의 정보가 회로를 변화시켜놓았기 때문에 현재의 정보처리 방식에 지배적인 힘을 행사하게 되는 것입니다. 이것이 학습이고, 경험이고, 성격입니다.

이 같은 특성 때문에 뇌는 훈련이 가능합니다. 아무리 용량이 큰 컴퓨터도 훈련을 시킬 수는 없습니다. 단지 소프트웨어의 기능일 뿐이죠. 인간의 뇌와 컴퓨터는 많이 다릅니다. 몇 가지 기초 원리 외에는 비교할 대상이 되지 않습니다. 우리 뇌 속에 존재하는 네트워크 규모에 비교할 수 있는 대상이라면 우주밖에 없습니다.

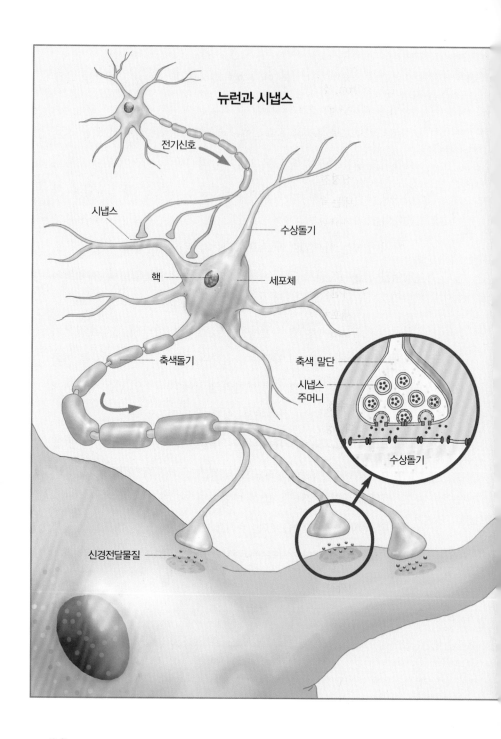

뉴런과 시냅스

전기신호

시냅스

수상돌기

핵

세포체

축색돌기

축색 말단

시냅스
주머니

수상돌기

신경전달물질

뉴런(neuron, 신경세포)은 뇌에 약 1천억 개 가량 있는 것으로 추정되며, 태어날 때 갖고 있던 뉴런은 이후 거의 새로 만들어지지 않는 채로 매일 수만 개씩 소멸된다. 하지만 뉴런의 전체 양은 항상 충분하므로 이 때문에 뇌기능이 떨어지지는 않는다.

뉴런은 신경전달물질을 만드는 세포체, 핵, 신호를 받는 수상돌기, 신호를 보내는 축색돌기로 이루어지며, 축색돌기의 끝부분에는 시냅스라는 공간이 존재한다. 시냅스는 뉴런과 뉴런이 연접되는 틈이다. 한 뉴런에서 발생한 전기신호가 축색돌기를 따라 축색 말단에 이르면 신경전달물질이 분비되어 이온 변화를 일으키면서 다음 뉴런의 수상돌기로 전기신호가 전달된다. 축색 말단은 주로 수상돌기와 연접부를 이루지만 세포체와 연접되기도 한다.

뇌에서 일어나는 모든 정보처리는 이러한 시냅스 작용을 통해 일어난다. 따라서 기억과 학습을 비롯한 뇌의 각 기능은 뉴런의 돌기 수와 신경전달물질의 분비 정도에 따라 좌우된다고 할 수 있다. 뇌는 난자와 정자가 수정한 직후부터 유전 정보와 환경 정보의 영향을 받으며 발달해간다. 정보 자극의 질과 양에 따라 뇌는 앙상한 겨울 숲 같은 상태가 될 수도 있고, 울창한 밀림을 이룰 수도 있다.

뉴런과 시냅스로 이루어지는 뇌의 정보전달 시스템은 고정불변 상태에 있지 않고, 스스로의 피드백에 따라 변화하고 교체된다. 이런 성질을 뇌의 가소성이라고 한다. 뇌의 가장 큰 특성은 바로 가소성에서 비롯되는 유연함이다.

얼마 전까지 뉴런은 소멸되기만 할 뿐 새로 만들어지지 않는다고 믿어 왔다. 그런데 최근 해마와 뇌실(뇌척수액을 만드는 공간)에서 새로운 뉴런의 탄생이 목격되었다. 이는 뇌의 무한한 가능성을 믿고 개발하도록 격려하는 중요한 발견이라 할 수 있다.

뇌가 몸의 주인인가

대개 우리는 '뇌와 몸'이라고 구분해서 말합니다. 뇌가 있고 몸이 있다는 것이죠. 물론 그렇습니다. '뇌와 마음'이라고 하는 표현도 마찬가지입니다. 여기서 관심의 초점은 이들의 관계입니다. 뇌와 몸의 관계, 뇌와 마음의 관계. 이에 관한 논의를 이어가다 보면 결국 뇌와 몸과 마음, 이 모든 것이 경계 없이 연결되어 상호작용하고 있음을 보게됩니다.

뇌와 몸의 관계부터 보겠습니다. 뇌와 몸의 관계에서 주제는 '누가 주인인가' 하는 점입니다. 뇌가 몸을 지배하는 것처럼 보이는데 과연 그러한가. 뇌는 몸 위에 군림하는 독재자인가. 이 문제에 대해 토론을 할 수는 있지만 연구하기는 어렵습니다.

뇌와 몸의 관계에 대해서 생각해 볼 때 제일 먼저 드러나는 특성은 뇌와 몸은 서로를 분리할 수 없다는 것입니다. 신장은 몸과 분리할 수 있습니다. 신장에 문제가 생기면 그것을 떼 내고 다른 신장을 넣을 수도 있고, 신장 없이 투석을 할 수도 있습니다. 심장도 인공심장으로 대신할 수 있고 폐나 위, 간 같은 모든 장기가 몸에서 분리 가능합니다.

그런데 뇌는 몸과 나눌 수 없습니다. 뇌를 두개골 안에서 꺼낼 수는 있지만 다른 뇌로 바꿔 넣을 수는 없습니다. 온몸에 퍼져 있는 신경과 온전히 대응하는 다른 뇌가 있을 수 없기 때문입니다.

　뇌와 몸의 관계를 이해하는 데 유용한 방법이 한 가지 있습니다. 진화와 발생이라는 관점에서 보는 것입니다. 동물의 가장 초기 단계에서부터 뇌가 어떻게 진화해 왔는지를 많은 연구자들이 밝혀내고 있습니다. 지구상에는 원생동물부터 인간에 이르기까지 진화의 모든 단계를 보여주는 생물체들이 우리와 함께 살아가고 있습니다. 그들의 뇌와 신경이 어떤 형태로 일하고 있는지를 보면 뇌와 몸의 관계를 이해할 수 있을 것입니다.

뇌는 어떻게 진화해 왔는가

원생동물 원생동물은 말 그대로 동물의 원시적 형태입니다. 원생동물의 첫 번째 특징은 단세포라는 점이고, 남이 만든 것을 먹고 삽니다. 이것이 식물과 다른 점이자 모든 동물의 공통된 특성이죠. 그리고 움직입니다. 아메바가 대표적으로 잘 알려진 원생동물입니다.

뇌를 이해하는 데 원생동물 얘기부터 필요한가 하는 생각을 할 수도 있습니다. 그런데 알고 보면 나와 원생동물은 생존과 번식이라는 조건에서는 기본적으로 별 차이가 없습니다. 아메바가 어떻게 먹는지 볼까요. 아메바는 먹잇감이 있으면 헛발을 쭉 내밀어서 싸 먹습니다. 그런데 내 몸 속에 있는 백혈구와 섬유아세포도 이와 똑같은 방식으로 이동합니다. 또한 면역세포인 거식세포는 아메바처럼 헛발을 내밀어서 물질을 삼킵니다. 내 몸의 여러 조직에서 단세포 동물의 생존 원리를 그대로 이용하고 있는 것입니다.

아메바가 이동하면서 먹이를 찾아 먹는 원리는 향화학성(chemo-taxis 케모택시스)에 의한 것입니다. 빛을 좇아가는 것을 향일성이라고 하듯이, 향화학성은 특정 화학물질에 반응하여 농도가 높은 쪽으로 이동하는 성질을 말합니다. 아메바의 주변 어딘가에 먹이가 있으면 그것에서 나오는 아주 적은 양의 화학물을 감지하여 점점 농도가 높은 쪽으로 옮겨가는 것이죠. 효모 세포가 짝을 지을 때도 마찬가지 방법을 사용합니다. 우리 몸 속의 백혈구도 상처가 나서 세균이 들어오면 그쪽으로 쫙 몰려갑니다. 상처 부위에서 생성되는 염증 유도 화학물질을 백혈구가 감지해서 찾아가는 것입니다.

그럼 어떻게 먹이가 있는 방향으로 진로를 조정해 갈까요. 자극이 오는 쪽으로 세포가 구조를 바꾸는 것입니다. 먹이가 감지되는 순간 세포 속에 정보가 들어가고, 이 정보가 세포 속의 시스템을 순식간에 바꿉니다. 세포가 움직이려면 세포 내의 골격을 이루는 분자들을 동원해야 하는데, 세포 속에 들어온 정보가 이 역할을 해서 방향을 바꾸는 것입니다.

형태는 지극히 단순한 단세포이지만 향화학성을 이용해 생존하는 데는 아무 문제가 없습니다. 수용체(세포의 표면에서 신호를 전달하는 부분)를 통해 주변 환경으로부터 정보를 받아들이고, 이에 자극되면 세포 내의 시스템을 변화시켜 정보에 대응하는 행동을 취하는 것. 이는 다세포 동물의 뇌나 신경이 하는 일인데, 원생동물은 그것 없이도 문제없이 잘 해내고 있는 것입니다.

그렇다면 다세포 동물의 세계는 어떨까요. 원생동물 이후의 동물은 모두 다세포입니다. 다세포 동물은 식물이나 세균, 원생동물 등과 달리 세포핵이 있고, 세포벽은 없으며, 예외가 있지만 신경과 근육이 있고, 대개 암수 구별이 있습니다. 생존과 번식을 위해 이런 특성들이 생겨난 것입니다.

다세포 동물이 어떻게 생겨났는가에 대해서는 이렇게 짐작합니다. 원생동물 몇 개가 모여서 군집생활을 하다가 어떤 이점 때문에 살림을 합친 것이 아닐까 짐작하는데, 실제로 원생동물의 일종인 녹조류에서 그런 현상을 확인할 수 있습니다. 녹조류는 군집을 이뤄 살다가 시간이 지나 그 덩어리가 터지면 속에 있는 것들이 나와서 다시 새로운 군집을 이룹니다.

다세포 동물 중에서 가장 기초적인 형태인 해면동물에서 척추동물에 이르기까지 뇌와 신경이 어떻게 발달해 왔는지 보겠습니다.

해면동물 구조가 바닥에 붙어 서 있는 물 튜브 모양으로 생겼고, 큰 것은 몇 미터짜리도 있습니다. 튜브의 벽을 이루는 세포 사이로 물이 들어와서 위로 열린 출구로 나가는데, 그러는 사이에 필터로 물 속의 양분을 걸러 먹습니다. 해면은 다세포의 시작인데 신경은 아직 없습니다. 세포들이 서로 정보를 공유하고 교환해야 할 필요가 없는 것이죠.

신경이 나타난 최초의 동물은 강장동물입니다. 동물의 정보처리 시스템이 진화하는 첫 단계인 신경그물이 강장동물에서 처음 나타나는데, 신경이 그물로만 형성되어 있고 뇌는 없습니다. 정보처리 시스템의 진화에서 신경그물 다음 단계인 신경줄과 뇌는 편형동물에서 생기기 시작합니다. 이때부터 학습이 시작됩니다. 이후 신경계는 곤충이

나 새우 같은 동물에서 더 발달하여 척추동물인 어류, 양서류, 파충류, 조류, 포유류를 거치면서 크게 발달합니다. 이런 동물세계에서 신경과 뇌가 어떤 식으로 이용되고 있는지를 보겠습니다.

강장동물 해파리, 히드라, 말미잘, 산호 같은 강장동물의 몸은 원형 대칭 구조로 생겼습니다. 이들 강장동물은 단순하게 수축, 이완 작용만 하기 때문에 여러 세포들이 한꺼번에 같이 움직이는 것이 중요합니

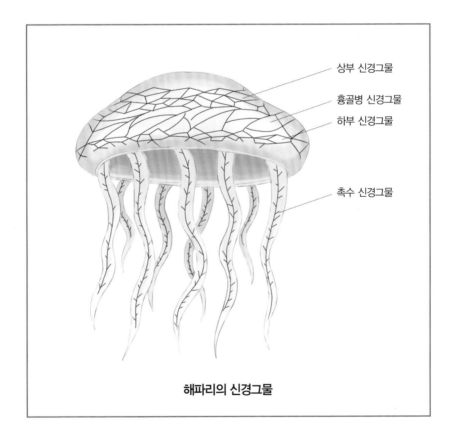

상부 신경그물

흉골병 신경그물

하부 신경그물

촉수 신경그물

해파리의 신경그물

다. 강장동물에는 신경그물이 있어서 이러한 통합 기능을 수행합니다. 외부에서 자극이 오면 빨리 수축을 해야 하는데 신경이 그물망을 형성해서 그 정보를 다른 세포들에게 골고루 확산시키는 역할을 합니다. 신경그물이 전체적으로 통일된 행동을 취하게 하는 것이죠.

히드라는 먹이를 잡을 때 촉수에 먹잇감이 닿는 순간 작살을 꽂아 독을 주입하고, 먹잇감이 기진할 때까지 가만히 있습니다. 이는 히드라가 의도적으로 촉수를 뻗거나 멈추거나 하는 것이 아니라 신경그물의 작용에 따라 순간적으로 정보가 확산된 결과입니다. 말미잘과 산호도 신경그물을 갖고 있습니다. 신경그물은 처리해야 할 정보를 확산만 하면 되는 간단한 체제인 것이죠.

신경그물이 처리하는 정보보다 더 많은 정보를 전달해야 할 필요가 생기면서 신경줄이 등장합니다. 신경그물은 신경세포 하나하나가 다 퍼져서 그물을 이룬 것이고, 신경줄은 여러 신경세포가 모여서 케이블을 이룬 형태입니다. 신경줄은 좌우대칭인 동물에서 처음 나타납니다. 원형 대칭인 강장동물은 좌우, 앞뒤가 없기 때문에 방향을 판단할 필요가 없습니다. 그러나 몸의 형태가 좌우 대칭형으로 진화하면서 왼쪽으로 움직일지, 오른쪽으로 움직일지를 판단해야 하는 복잡성이 더해집니다. 판단을 하려면 정보를 토대로 분석하고 학습하는 과정이 일어나야 하므로 이런 필요에 따라 신경줄이 다양해지면서 마침내 뇌가 생겨납니다. 이전에는 각각의 세포 수준에서 처리하던 것을 이제는 어디로 움직일 것인가를 결정하고 명령을 내리는 센터가 필요하게 된 것이죠. 정보를 통합하여 처리하는 본부의 탄생, 그것이 뇌입니다.

머리 쪽에 신경세포들이 밀집하면서 눈과 같은 기관도 생겨났습니다. 감각기관이 머리 쪽에 집중적으로 발달한 시초도 여기서 찾을 수 있습니다. 이 모든 것이 바로 편형동물에서 시작되었습니다.

편형동물 편형동물 하면 주로 기생충인 편충을 떠올리는데, 이 외에도 편형동물은 매우 많습니다. 편형동물은 뇌가 있고, 따라서 학습을 합니다. 무시할 수 없는 존재이죠. 편형동물에는 눈점이라고 하는 것이 있습니다. 편형동물에 머리가 생기면서 앞으로 가기 위한 수용체들이 머리 부분에 집중적으로 발달한 것입니다. 눈점은 눈과 마찬가지로

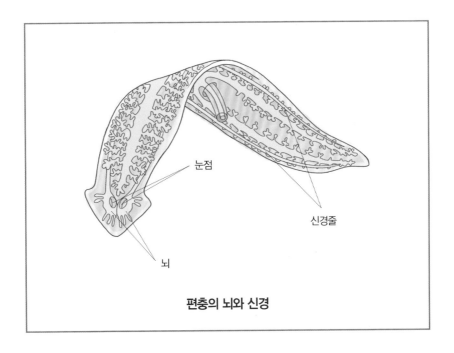

눈점

신경줄

뇌

편충의 뇌와 신경

빛에 반응합니다. 보통 동물의 눈은 빛에 반응하는 수용체가 망막에 있기 때문에 수용체가 빛에 자극을 받아 빛을 감지하죠. 편형동물의 경우에는 빛에 반응하는 수용체들이 모여 있는 부분인 눈점을 통해 빛에 반응할 수 있는 것입니다.

환형동물 지렁이와 거머리로 대표되는 환형동물에 이르면 이미 뚜렷한 형태의 뇌를 볼 수 있습니다.

연체동물 조개류, 달팽이, 소라, 문어, 낙지, 오징어 등 우리가 즐겨 먹는 해산물이 여기에 많이 속해 있죠. 이들에게도 뇌와 신경줄이 있습니다.

절지동물 절지동물에 이르러 뇌는 뚜렷한 발달의 특징을 보입니다. 특히 곤충의 경우 뇌에 여러 가지 구조들이 만들어지고, 다양한 기능들이 분화됩니다. 메뚜기는 아주 똑똑한 뇌를 가졌으며, 초파리의 경우에는 각종 행동 실험, 예를 들면 학습·수면·의식 작용의 모델로 쓸 만큼 기능이 복잡해졌습니다.

척추동물 척추동물로 가면 뇌의 구조에 큰 변화가 생깁니다. 척추동물의 뇌는 중추신경계와 말초신경계로 구분되는데, 진화 과정에서 척수는 별로 변하지 않고 그 윗부분이 크게 달라집니다. 척추동물의 시작인 물고기의 뇌는 가늘고 길게 생겼는데 어류에서 양서류, 파충류,

조류, 포유류로 가면서 척수와 뇌간에는 큰 변화가 없으면서 그보다 윗부분의 뇌가 커지고 주름이 많아집니다. 복잡성이 증가한 것이죠.

개구리 같은 양서류에서는 대뇌와 비슷한 구조가 조금 생깁니다. 뱀, 거북이 같은 파충류로 오면 편도체의 작용이 발견되는데 편도체는 공포, 불안 등 정서에 관련되는 부위입니다. 양서류에는 없는 기능이죠. 개구리와 뱀은 큰 차이가 있는 동물입니다. 도마뱀을 손에 올려놓고 만지면 체온이 올라가는데, 개구리는 아무런 변화가 없습니다. 자극에 의해 체온이 올라가는 것을 '감정적 흥분(Emotional fever)'이라고 하는데, 이는 불안과 공포에 의한 스트레스 반응으로 편도체의 작용이라고 알려져 있습니다.

조류로 가면 대뇌가 아주 커집니다. 머리가 좋지 않다는 뜻으로 '새

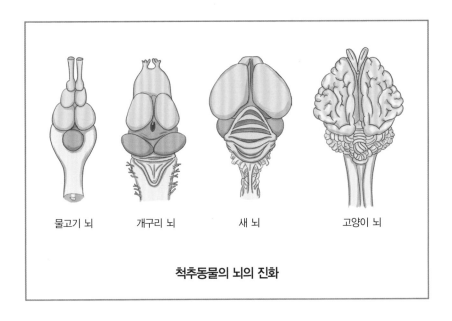

| 물고기 뇌 | 개구리 뇌 | 새 뇌 | 고양이 뇌 |

척추동물의 뇌의 진화

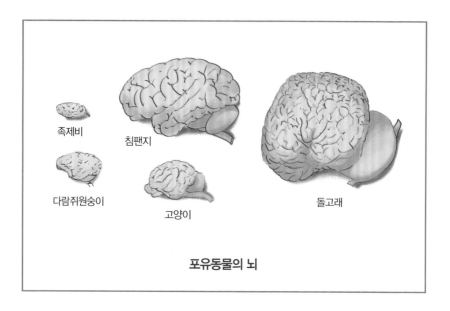

족제비

침팬지

다람쥐원숭이

고양이

돌고래

포유동물의 뇌

대가리'라는 표현을 쓰는데 새의 뇌는 결코 무시할 수준이 아닙니다. '닭 대가리'라는 속어도 있죠. 닭을 잡을 때 머리를 쳐내도 몸통이 머리 없이 마당을 돌아다니는 광경을 보고 '저렇게 있으나마나 한 머리였나' 해서 나온 말이라고 합니다. 이 역시 닭의 머리가 나쁜 것이 아니라 뇌에 대비한 몸의 자율 능력이 강한 것이라고 봐야 합니다. 모든 동물의 뇌는 개체에 가장 적합한 기능을 갖추고 있으니까요.

조류 다음이 포유류입니다. 개, 고양이, 말, 돌고래 등을 비롯해 인간이 포유류에 속하죠. 뇌의 진화가 우주의 빅뱅처럼 폭발적으로 일어나는 단계입니다. 각 동물의 행동 양식도 그에 따라 매우 복잡해집니다. 컴퓨터를 사용하다가 더 복잡한 소프트웨어를 돌리기 위하여 용량이 더 크고 기능이 향상된 것으로 바꿔야 하듯이, 척추동물의 발달과 함께 뇌도 커지고 기능이 복잡해진 것입니다.

여러 척추동물의 뇌를 뇌간을 기준으로 비교해 보면 뇌의 다른 부분들이 얼마만큼 커졌는지 알 수 있습니다. 척수와 함께 원시뇌로 불리는 뇌간은 어류, 양서류, 파충류, 조류, 포유류를 거치는 동안 거의 변하지 않았습니다. 기본적인 생명 유지에 필요한 기능을 하는 곳이기 때문에 뇌간을 기반으로 그 위에 다른 기능들이 차츰 더 얹어지면서 뇌가 전체적으로 커진 것입니다.

뇌의 용량이 커지면서 할 수 있는 일이 많아졌습니다. 과거를 기억하고, 현재를 파악하며, 미래를 계획할 수 있게 되었습니다. 특히 인간에 이르러서는 논리적인 사고력과 상상력을 토대로 종교, 철학, 예술 같은 분야를 발명해냈습니다. 원생동물 시절부터 회상해보면 정말 놀라운 변화이죠. 그러나 이러한 인간의 모든 뇌기능이 생존과 번식에 기여하고 있음은 원생동물 이래로 변함이 없습니다. 단지 원생동물 시절에는 무척 단순하고 간편했다고 볼 수 있겠죠. 인간의 뇌 기능이 오로지 생존과 번식만을 위한 것이냐에 대해서는 이론의 여지가 있겠으나, 이 문제는 여기서 다루지 않기로 하지요.

뇌와 몸을 구분하는 것이 가능한가

이와 같이 신경은 여러 형태로 발달해 왔습니다. 다세포 동물이 외부에서 들어온 정보를 모든 세포에 빨리 확산시켜 행동을 통일하기 위해 최초로 신경을 탄생시켰고, 이후 몸통에 좌우가 생기면서 몸의 각 부분을 서로 다르게 움직이게 하기 위해 뇌의 형태를 갖추게 되었습니다. 더 복잡한 정보처리가 필요해지면서 신경그물에서 뇌로 진화할 수밖에 없었던 것입니다. 결국 뇌는 세포들이 모여서 사는 방식을 가능하게 하기 위한 수단이라고 볼 수 있습니다. 뇌가 먼저 있어서 그 다음에 조직을 만든 것이 아니라는 것이죠. 뇌가 몸을 지배하는 것처럼 보이지만, 본래 뇌는 몸의 필요에 따라 만들어진 기관입니다.

뇌와 신경이 하는 역할은 몸의 각 부분에서 받아들인 정보를 모아서 분석하고, 대응책을 결정하고, 그 대응책을 몸의 각 부분으로 보내서 그 목표에 맞게 운동을 하게 하는 것입니다. 여기서 몸의 각 부분이란 몸의 내벽, 외벽, 내장, 벽과 벽 사이 등 신경이 닿아 있는 모든 곳입니다. 실은 우리 몸에서 신경이 닿지 않은 곳은 없습니다. 그래서 온몸으로 정보를 받아들일 수 있습니다.

그러면 뇌는 몸의 주인인가, 노예인가. 이 말은 너무 극단적으로 들릴 수 있으니까 질문을 이렇게 바꿔 보겠습니다. 뇌와 몸을 따로 구분하는 것이 가능한가. 앞에서도 이야기한 것과 같이, 뇌가 몸과 분리되어 할 수 있는 일은 아무 것도 없습니다. 어떤 정보도 들어오지 않고, 어떤 반응도 내보낼 수 없기 때문입니다. 몸에서 분리한 뇌란 접시 위에 올려놓은 순두부 같은 것일 뿐입니다.

신경이 있음으로 인해 뇌는 비로소 의미를 갖게 됩니다. 감각신경, 중추신경, 운동신경 전체가 하나의 정보처리시스템을 이루는 것이지 뇌만의 역할이 아닙니다.

신경계란 두개골 속에 있는 뇌를 포함해 우리 몸에 있는 모든 신경을 일컫는 표현입니다. 신경계라는 말 속에 몸과 뇌는 통합된 단일시스템이라는 개념이 보입니다. 신경계를 말초신경계와 중추신경계로 나누고 있긴 하지만, 실상 우리 몸에 신경이 안 닿아 있는 곳이 없고 중추신경계는 중앙정보처리센터일 뿐이므로 이를 도저히 분리할 방법이 없습니다.

뇌보다 신경계라는 표현이 적합하다

뇌라고 말하면 신경을 제외한 의미가 됩니다. 그래서 더 적합한 표현은 신경계입니다. 뇌와 신경을 한데 합쳐서 보는 것이죠. 신경계라고 할 때 비로소 거기서 무슨 일을 한다고 할 수 있습니다. 뇌만 따로 떼놓고는 기능을 설명할 도리가 없습니다.

예를 들어, 후천적으로 시각장애인이 된 사람의 경우, 사과의 빨간 빛이나 아침이 올 때의 묘한 색조 변화, 이른 봄의 연두색 이파리 같은 것을 처음에는 기억하지만 세월이 흐르면서 기억이 점차 희미해지고 나중에는 기억해내려고 해도 떠올리지 못하게 됩니다. 외부에서 들어오는 정보가 차단되면 일단 기억된 것도 희미해지고 마침내 사라지는 것입니다. 기억이란 믿을 것이 못됩니다. 일본 영화 '라쇼몽'에는 한 사람의 주검을 놓고, 관련된 이들이 제각각 다른 진술을 하는 이야기가 그려집니다. 사실은 하나인데 기억은 다 다를 수 있습니다.

뇌는 몸으로부터 끊임없이 정보를 받아들이고 반응함으로써 자신의 존재 가치를 드러냅니다. 몸과 뇌는 나눠지지 않으며, 애써 나눠보면 둘 다 그 의미를 잃어버리게 됩니다.

그럼에도 뇌가 몸을 지배한다고 할 수 있지 않겠느냐는 견해는 있습니다. 뇌가 몸보다 더 우세해 보이는 면이 분명히 있습니다. 위장이 꽉 차도 계속 음식을 먹는다든지, 간이 굳어 기능을 못하는데도 술을 마시는 경우를 예로 들 수 있겠죠. 알코올, 약물, 비만, 도박 같은 중독 증상은 몸과 인간관계를 망가뜨리면서도 뇌의 욕구를 따르는 상태입니다. 의지가 강한 것도 뇌가 우세한 현상이고, 의지가 약한 것도 뇌가 우세하기 때문입니다.

미국에서 한 신경학자를 만났을 때 그가 이런 이야기를 했습니다. 아프리카에서 기근 때문에 피골이 상접해 굶어 죽은 아이를 해부해 보니 내장은 다 오그라들었는데 뇌는 전체적으로 멀쩡했다고 합니다. 몸을 극한지경으로 희생하면서도 뇌를 살리려고 한 것이니 뇌가 몸보다 더 우세하다고 봐야 하지 않겠느냐는 의견이었습니다.

그러나 이 경우에도 상황을 잠깐 관찰하면 뇌가 우세한 것처럼 보이지만 결국 뇌가 몸의 영향을 받지 않습니까. 독재자가 국민을 억압하지만 마침내 국민의 심판을 받아 사라지는 것처럼 짧게 보면 뇌가 우세할 수 있지만 전체를 보면 역시 뇌와 몸은 경계를 나눌 수 없는 하나입니다. 뇌가 몸을 조절하지만 몸도 뇌에 엄청난 영향을 끼칩니다. 먹고 움직이는 것을 비롯해 몸이 겪는 모든 것이 뇌에 영향을 주고 있습니다. 다만 그 영향이 금방 드러나 보이지 않을 뿐입니다.

닭이 먼저냐 달걀이 먼저냐 하는 의문은 사람들 사이에 오랜 논란을 불러일으켜 왔습니다. '닭이 알을 낳으니 닭이 먼저다', '그럼 그 닭은 어디서 나왔단 말이냐, 알이 먼저다' 하는 대화를 누구나 한 번쯤

해보았을 겁니다. 이에 대해 생명과학자들은 대체로 '달걀이 먼저' 라는 생각을 가지고 있는 것 같습니다. 닭은 달걀이 생존하기 위해 만들어 낸 매개체이며, 닭은 죽어서 사라지더라도 달걀 속의 유전자는 영원히 이어지기 때문이라는 것이죠. 몸이 먼저냐, 뇌가 먼저냐 하는 질문에 뇌과학은 '몸이 뇌보다 먼저다. 뇌가 팔다리를 만든 것이 아니다' 라고 답을 할 수 있습니다. 그러나 만족스러운 답은 아닙니다.

난자와 정자가 수정되면 새로운 배아가 생성되고, 성장 발달 과정에서 신경계가 바로 생겨 몸과 함께 성장해 갑니다. 그렇게 만들어진 뇌는 몸과 무관하게 자체적인 정보처리 능력을 가지게 됩니다. 뇌의 독립적인 정보처리 능력을 보여 주는 극단적인 예가 있습니다. 두개골에서 뇌를 꺼내놓고 전기 자극으로 뇌를 훈련시키는 실험입니다. 그러나 이런 실험은 뇌에 학습 작용이 일어나게 할 수는 있지만 행동과 연결시키지는 못합니다. 실험이 잘 되면 뇌를 계산기처럼 쓸 수는 있겠죠.

결론적으로 몸과 뇌, 둘 중 어느 것이 더 우세한가를 따지는 이야기는 별 의미가 없습니다. 몸과 뇌는 융합된 하나의 시스템이기 때문입니다. 뇌가 몸을 움직이고, 몸이 뇌에 자극을 줍니다. 몸의 신경을 이용해 뇌를 치료하는 기술이 그래서 가능합니다. 실제로 내장으로부터 올라가는 미주신경(연수에서 나온 뇌신경으로, 부교감신경 중 가장 크고 내장의 대부분에 분포되어 있음)을 전기로 자극하여 간질을 치료하는 미주신경자극법이 개발되어 임상에 쓰이고 있습니다. 또한 단전호흡이나 장 운동, 장마사지 같은 요법도 장기를 직접 운동시킴으로써 뇌로 자극을 올려 보내는 방법이라고 볼 수 있습니다.

신경계는 어떻게 작동하는가

감각신경, 중추신경, 운동신경의 각 기능이 모여 정보처리 회로를 형성한 것이 신경계입니다. 예를 들어, 걷다가 바닥에 압정이 떨어져 있는 것을 보는 순간, 그대로 발을 밟는 대신 얼른 다리를 들어 올려서 압정에 발이 찔리는 것을 피합니다. 매우 간단해 보이는 동작이지만 이때 정보처리 회로에서 일어나는 일은 결코 간단치 않습니다. 발바닥에 있는 감각신경을 통해 뾰족한 것에 닿았다는 정보가 들어오고 이것이 척수의 중추신경에 이르면 정보 분석을 거쳐 '위험하다'는 판단을 내립니다. 그러면 이에 따라 운동신경이 반응해 발을 들어올리기 위한 근육들이 작동을 합니다. 동시에 반대편 다리는 오히려 꼿꼿하게 유지하여 몸을 지탱합니다. 이때 서로 반대 기능을 하는 근육들을 정확히 조화롭게 수축, 이완시켜야 이 작업이 성공할 수 있습니다. 이러한 작업은 척수에서 신속히 처리되는 반사작용입니다. 뇌가 정보를 받아 파악하고, 분석하고, 결정하고, 명령을 내릴 때까지 기다리다가는 압정에 발을 찔리기 십상일 것입니다.

　신경계에서 정보를 처리하는 과정을 좀 더 알아보겠습니다. 눈, 코, 입, 귀, 피부의 오감 기관에는 수용체가 있고, 각각에 해당하는 자극이 들어오면 수용체가 반응을 합니다. 수용체의 반응이 전기신호가 되어 신경을 통해 뇌로 들어가면 오감 기관에서 일어난 일을 알게 되는 것입니다. 혀에 설탕이 닿으면 혀에 있는 수용체가 반응을 하고, 이를 전기신호로 바꿔 신경에 전달합니다. 이 신호가 신경줄을 타고 뇌로 올라가 적절한 곳에 이르면 '달다'는 인식이 일어나는 것입니다.

뜨거운 잔에 손이 닿으면 피부의 수용체가 이 자극에 반응하고, 자극은 전기신호로 바뀌어 신경을 타고 올라가 척수를 통해 시냅스를 거쳐 체감각피질에 이릅니다. 그러면 이 순간 '뜨겁다'는 것을 압니다.

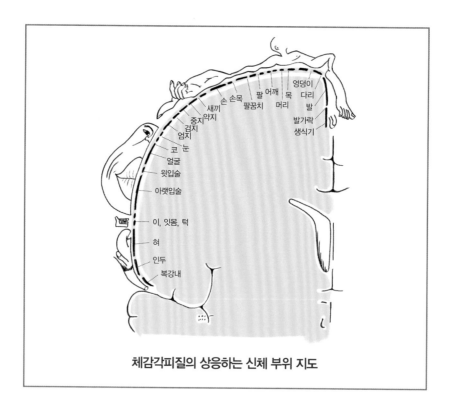

체감각피질의 상응하는 신체 부위 지도

이런 시스템이 정보처리 회로입니다.

　체감각피질의 위치가 어딘지는 이미 연구되어 지도가 만들어져 있습니다. 각각의 체감각피질에 신경세포가 얼마만큼 배당되어 있는지를 보여주는 그림입니다. 정강이는 아주 작게, 손바닥과 손가락은 크게 그려져 있죠. 작을수록 무디고 클수록 민감합니다. 얼굴, 입술, 혀는 특히 많은 부위를 차지하고 있습니다.

　체감각만이 아니라 움직이는 것, 상상하는 것, 계획하고 판단하고 분석하는 것, 말하고 듣는 것, 보는 것 등에 해당하는 부위도 밝혀져 있습니다.

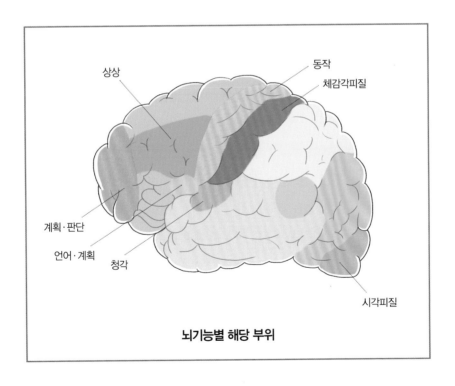

뇌기능별 해당 부위

더 복잡해지는 신경회로의 작용

정서에 관련된 정보는 신경계에서 좀 더 복잡한 회로를 거칩니다. 정서에 관여하는 뇌 부위 중 편도체는 특히 불안, 공포 등의 감정 작용에 중요한 역할을 합니다. 산에서 뱀을 보는 순간, 눈의 망막을 통해 뱀이라는 정보가 감각신경을 타고 뇌로 올라가 시각피질쪽으로 가는 동시에 편도체로 정보가 들어가 즉각적으로 공포반응을 일으킵니다. 생쥐가 고양이 털 냄새를 맡고 놀라는 것도 같은 과정을 통해 일어납니다. 이와 같은 반응회로들은 유전적으로 처음부터 단단하게 만들어져 있습니다.

편도체의 이러한 기능은 생존을 위해 매우 필요한 것입니다. 공포 반응이 작동하지 않으면 죽기 십상이니까요. 하지만 때로는 편도체의 기능 때문에 괴로움을 겪기도 합니다. 필요 없이 공포와 불안을 느끼는 경우입니다. 고소공포증도 여기에 해당합니다. 높기는 하지만 안전에는 문제가 없는 상황에서도 단지 높은 데 있다는 이유만으로 두려움을 느끼는 것이죠. 높은 데 올라가면 공포를 느끼도록 유도하는 정보가 어느 땐가 뇌 속에 들어와 편도체와 연결된 것인데, 이 회로의 작동을 제거하면 고소공포증도 없어집니다. 필요 이상의 공포와 불안을 느끼는 것은 과거의 정보에 현재의 정보처리 시스템이 지배당하는 상황입니다. 자신의 감정이 과거에 만들어진 정보회로에 지배당한 결과임을 알게 되면 그것으로부터 좀 더 빨리 벗어날 수 있을 것입니다.

공포반응보다 더 복잡한 정보처리 회로의 예로는 '동감고통'이 적절하겠습니다. 영어로 엠퍼시empathy라고 표현되는 현상입니다. 큰 인기를 모았던 드라마 '다모' 중에 "아프냐? 나도 아프다"라는 대사가 나옵니다. 방송 이후 유행어가 되었죠. 사랑하는 여인의 상처를 바라보던 종사관은 정말 아팠을까요? 다음 실험을 보면 확인할 수 있습니다. fMRI를 이용해 손가락에 통증이 있는 사람과 옆에서 그것을 지켜보는 아주 친한 사람의 뇌를 촬영했습니다. 손가락 통증이 있는 사람의 뇌는 당연히 손가락에 해당하는 체감각피질 부위가 활성화되고, 또한 전체적인 통증반응과 관련된 뇌의 부분이 활성화됩니다. 그런데 통증을 지켜보는 사람의 뇌에는 손가락 체감각피질에는 변화가 없으나 후자의 부위, 즉 전체적인 통증반응과 관련된 뇌 부위에 반응이 나타났습니다. 종사관도 아팠던 것이 틀림없습니다. 아이가 아프면 엄마도 고통을 느낍니다. 모든 부모들이 잘 아는 사실입니다. 이렇게 고통을 함께 느끼는 것을 동감고통이라고 합니다. 자비, 측은지심이 이와 관련된다고 볼 수 있죠.

또 다른 복잡한 회로 작용의 예로 중독현상을 들 수 있습니다. 중독은 매우 복잡한 작용이지만 이에 대한 원리가 신경과학적으로 조금씩 규명되고 있습니다. 카페인, 알코올 같은 약물 중독과 비만이 비슷한 현상이라는 사실이 최근 밝혀졌습니다. 비만인 사람의 뇌를 찍어보니 약물 중독자의 뇌와 같은 양상을 보였던 것입니다. 약물 중독인 경우 도파민 수용체가 감소하는데, 비만인 사람의 뇌도 똑같이 도파민 수용체가 감소해 있었습니다. 도파민 수용체가 줄어들면 쾌감을 얻기 위해 더 많은 자극, 더 강한 자극을 필요로 하게 됩니다. 그래서 약물을 끊기가 어려운 것처럼 다이어트 하기가 그렇게 어려운 것입니다.

중독과 비만은 쾌감중추와 관련된 문제입니다. 쾌락을 억압하고 부정한 역사가 있지만, 이는 인간의 사고와 행동을 이해하는 데 가장 핵심적인 요소입니다. 약물을 통해서든 일을 통해서든 봉사를 통해서든, 방법이 어떻든 간에 기쁨이나 즐거움이나 보람을 느낄 때 공통적으로 작용하는 부분이 쾌감중추입니다. 쾌감중추의 작용이 없으면 식욕도 없어지고, 힘들게 아이를 낳으려고 하지도 않을 것이고, 대가 없는 봉사활동도 하지 않으려 할 것입니다. 봉사는 괴로움을 참고 하는 것이 아니라 그에 따른 기쁨을 느끼기 때문에 하는 것이 아닙니까. 봉사활동이 쾌감중추를 자극하여 만족을 얻는 것입니다. 이처럼 쾌감중추는 뇌가 몸과 함께 일을 해나가는 데 매우 중요한 추진시스템으로 작용합니다.

뇌를 알면 내가 보인다

뇌과학에서 밝혀낸 사실들을 나와 어떻게 연관 지을 수 있을까요? 그것이 우리 생활에 무슨 도움을 줄까요?

우선은 내가 행동하고 말하고 느끼는 모든 것이 뇌를 통해 일어나는 일임을 안다는 자체가 중요합니다.

차를 몰고 가는데 다른 차가 방향 표시등도 켜지 않고 갑자기 앞으로 끼어들면 기분이 어떻습니까. 대개는 불끈하면서 거친 소리가 툭 튀어나옵니다. 그런데 그 순간 자신의 뇌를 의식하면 상황이 달라질 수 있습니다. '아, 지금 어느 부위의 신경세포들이 발화하고 있구나' 하고 생각하면 화난 감정을 더 키우지 않고 순간적인 감정에서 벗어나는 데 도움이 됩니다.

만약 주변에 보기만 해도 싫은 사람이 있다면 그 이유를 그 사람에게서 찾는 것이 아니라 자기 뇌 속에서 추적해 보세요. 이전 어느 때인가 경험한 불쾌한 기억이 뇌에 저장되어 있다가 그 사람의 얼굴과 연결된 것일지 모릅니다. 생쥐가 고양이 털 냄새만 맡아도 공포 회로에 연결되듯이, 그 사람 얼굴을 보면 자신도 모르게 예전의 불쾌했던 기억의 회로가 작동하여 싫은 감정이 일어나는 것이죠. 이러한 뇌의 작용을 이해하면 싫은 감정에서 벗어나 오히려 그 사람에게 미안한 마음이 들 것입니다.

태어나서 뇌의 무게가 400그램에서 1,400그램이 되기까지 수많은 정보가 뇌로 들어와 나라는 존재를 이룹니다. 이후에도 끊임없이 엄청난 양의 정보가 뇌로 쏟아져 들어오고 있고 그것이 나를 좌우합니다. 어떤 정보는 나를 웃게 하고, 어떤 정보는 위장에 구멍을 냅니다.

뇌에서 정보를 처리하는 원리와 과정을 알면 자신을 더 잘 이해할 수 있습니다. 이 말은 자신에게 왜 이런 일이 일어났는지, 어떻게 해야 할 것인지 더 잘 판단할 수 있다는 뜻입니다.

뇌의 진화사를 알면 종족의 생존과 번식에 도움이 되는 것을 취하고, 그렇지 않은 것은 피하는 것이 아주 자연스러운 선택임을 깨닫게 됩니다. 종족인 가족과 사회와 인류에 도움이 되는 방향으로 나의 뇌 회로를 돌리는 것이 나의 생존과 번식을 위해 가장 좋은 일임을 깨닫게 됩니다.

이는 종교, 철학, 명상 수행 등이 목표하는 바와 다르지 않습니다. 뇌과학적 접근으로도 그러한 성찰이 가능합니다.

뇌과학의 어두운 면도 예측해 볼 수 있습니다. 아인슈타인은 자신의 핵분열 연구가 인류를 파괴하는 데 쓰인 것을 한탄하고 후회했습니다. 뇌 연구는 그럴 염려가 없을까요? 세상에서 가장 강력한 군대를 만들기 위해 공포를 없애고 명령에 무조건 복종하도록 뇌회로를 조작한 특수부대원을 만들려는 시도가 있을 수도 있습니다. 영화 '매트릭스'에서 보이듯이 사람의 마음을 조정하는 기술이 개발되어 다른 사람을 자기 목적에 맞게 이용하는 상황도 상상해 볼 수 있습니다.

그러나 현재의 뇌과학은 질병 치료에 긍정적으로 활용되고 있습니다. 약물 치료 효과가 없는 파킨슨 환자의 뇌에 전극을 심어 전기적으로 조절하면 정상적인 움직임을 회복합니다. 우리나라에서도 이 수술을 실시하고 있죠. 여러 가지 정신 질환을 치료하는 약물도 계속 개발되고 있습니다. 우울증 치료제도 그 한 예입니다.

뇌 연구는 일상을 관찰하는 것과 같습니다. 뇌 연구는 마음을 공부하는 것과 다르지 않습니다. 뇌 연구자들이 찾아낸 사실을 더 많은 사람들이 알면 좋겠습니다. 뇌를 앎으로써 자신의 몸과 마음을 더 잘 이해하고 활용할 수 있기 때문입니다. 뇌과학이 이를 도울 것입니다.

뇌의 구조

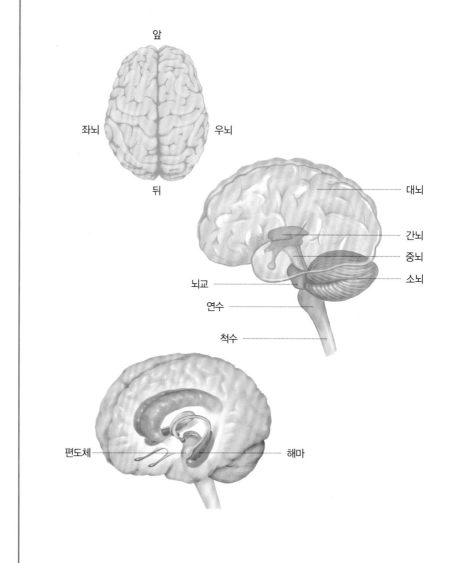

앞

좌뇌　　　　　　　　우뇌

뒤

대뇌

간뇌

중뇌

소뇌

뇌교

연수

척수

편도체　　　　　　　　해마

뇌 영역별 주요 기능

대뇌 뇌 전체의 90%를 차지하며, 좌뇌와 우뇌로 나뉜다. 좌뇌는 몸의 오른쪽을, 우뇌는 몸의 왼쪽을 관장하며 서로 맡은 기능이 다르다. 좌뇌는 주로 언어적·논리적·분석적·체계적 기능을, 우뇌는 비언어적·전체적·시공간적·창의적·미적 기능을 수행한다. 좌뇌와 우뇌는 뇌량이라는 신경다발에 의해 연결되며, 이를 통해 양쪽의 정보를 교환한다. 환경과 교육방식, 유전적 특성 등에 따라 좌뇌 우위 또는 우뇌 우위의 특성을 갖는다.

소뇌 대뇌처럼 좌우 두 부분으로 되어 있으며, 평형감각과 근육운동을 조절하는 운동중추가 있다.

간뇌 대뇌와 소뇌 사이에 있으며, 시상과 시상하부로 구분된다. 자율신경계를 조절하는 중추이며, 시상하부 아래쪽에 뇌하수체가 있어서 항상성 유지에 중요한 역할을 한다.

중뇌 안구 운동과 홍채 수축(동공 반사)을 조절한다.

연수 호흡, 심장박동, 소화관 운동 등을 조절한다. 뇌교와 연수 부분이 생명중추인 뇌간에 해당한다.

척수 자극을 전달하는 통로이면서, 또한 급박한 자극에 대한 반사반응을 조절한다.

편도체 대뇌변연계의 입구에 해당하며, 좋고 싫음을 결정하여 부정적 정서의 기억과정에 관여한다. 해마와 함께 기억과정을 조절하며, 감정을 생성하거나 인식한다.

해마 경험을 학습하고 장단기 기억을 통합 관리한다.

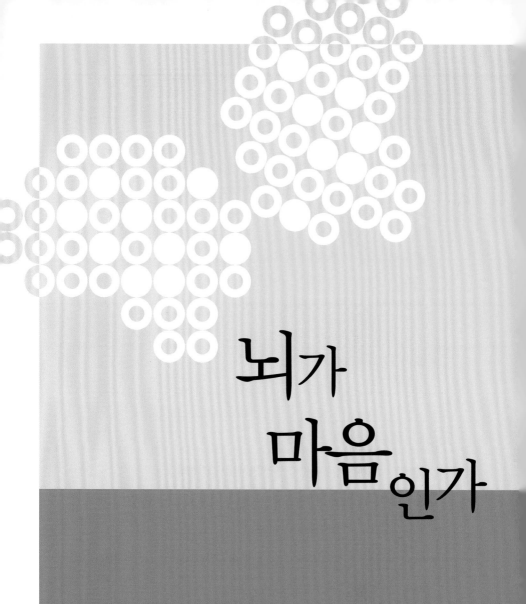

뇌가
마음인가

감정은 왜 뜻대로 되지 않을까 _ 화가 나면 왜 얼굴이 달아오를까 _

감각을 더 개발할 수 있을까 _ 쾌감에 대한 욕구는 왜 끝이 없을까 _ 사랑하면 왜 힘이 날까 _

몸과 뇌는 어떤 관계인가 _ 뇌도 유전자에 의해 만들어지는가 _ 인간은 왜 이토록 질병에 취약할까 _

명상을 하면 뇌에 무슨 일이 일어나는가 _ 마음은 어디에 있는가 _ 뇌가 나일까 _

왜 간절히 원하면 이루어진다는 것일까 _ 습관은 어떻게 만들어지나 _ 쏟아지는 정보를 어떻게

해야 하나 _ 집중력이 떨어지는 것은 왜 문제인가 _ 어떻게 하면 뇌를 잘 쓸 수 있을까 _

신념, 의지, 열정 같은 의식은 어떻게 만들어지나 _ 창조성을 개발하는 것이 가능할까 _

신은 어디에 있는가 _ 깨달음은 어떤 상태인가 _ 왜 누구나 행복을 원할까 _

마음이 뭘까요?

마음은 어디에 있을까요?

마음이 무엇이든, 뇌가 없으면

마음의 작용도 있을 수 없습니다.

뇌는 마음이 활동하는 무대입니다.

감정은 왜 뜻대로 되지 않을까

감정을 조절하는 가장 좋은 방법은 감정을 창조하는 것이다

감정, 생각, 의식, 마음. 인간의 정신작용을 표현하는 이 단어들은 비슷하면서도 쓰임새가 모두 다릅니다. 우리는 이 단어들을 필요에 따라 적절히 구사하고 있지만, 각각의 뜻을 구분해 설명하기란 쉽지 않습니다. 오히려 이들 단어의 풀이는 국어사전의 설명보다 뇌과학에서 더 분명하게 제시합니다. 뇌과학에서 말하는 감정은 대뇌변연계에서 일어나는 반응이고, 생각과 의식은 대뇌피질의 작용이며, 마음은 뇌의 총체적 정신작용입니다.

이 중에서 특히 감정은 모든 정신작용 가운데 가장 일차적으로, 가장 강렬하게 드러나는 반응입니다. 마치 배고픈 아기의 울음처럼 즉각적이고 좀처럼 달래지지 않아서 사람들은 자신의 감정을 때때로 곤혹스러워 합니다. 그 때문에 '감정적' 이라는 단어는 다소 부정적인 느낌을 담고 있습니다. 감정적인 사람이란 감정 조절을 잘 하지 못하는 사람이라는 뜻으로 쓰이고, 나를 불편하게 대하는 사람에게 '감정 있어?' 하고 묻기도 합니다.

감정 그 자체는 긍정이나 부정의 대상이 아닌 인간 생존에 필요한 뇌의 작용일 뿐입니다. 두려운 감정 때문에 위험을 피하고, 불안한 감정 때문에 안전한 환경을 찾고, 분노의 감정 때문에 맞서 싸우는가 하면, 사랑의 감정 때문에 다른 사람을 보살피기도 합니다.

감정은 없앨 수 있는 반응이 아닙니다. 그래서 자신의 감정을 무조건 억압하거나 무시하는 것은 아무 소용없는 일일 뿐 아니라 몸을 상하게 하고 관계를 그르치게도 합니다. 화를 오래 억누르면 몸의 어떤 부위에 통증이 일어난다거나, 슬픔을 억제하면 다른 사람과 교감하는 기능이 떨어진다거나 하는 경우입니다.

우리가 감정을 상대로 할 수 있는 일은 크게 두 가지입니다. 감정을 인정하는 것과 감정을 조절하는 것. 이는 감정에 침몰 당하지 않아야 가능합니다. 감정은 바다가 아니라 파도입니다. 전체가 아닌 표면의 반응입니다. 바다에 늘 파도가 일듯, 감정도 매순간 일어납니다. 감정이 생기는 것은 당연한 일입니다. 문제는 감정을 처리하는 방식에 있습니다.

파도를 타며 서핑을 즐기듯 감정을 타고갈 수 있으면 좋겠지요? 감정이 곧 내가 아니라는 사실만 알면 됩니다. 감정은 '나'라는 바다에 이는 파도입니다. 때로는 감정의 파도가 잦아들 때까지 가만히 지켜보기도 하고, 때로는 서퍼가 되어 감정의 파도를 즐길 수도 있을 것입니다. 분노, 불안, 두려움, 공포, 슬픔, 기쁨, 즐거움 같은 감정적 반응에 대해 스스로 자기 뇌의 주인으로서 그것을 지켜보고 처리 방식을 선택하면 됩니다. 내가 내 뇌의 주인이라는 의식이 없으면 변화무쌍

한 감정이 주인 노릇을 합니다. 뇌의 주인으로서 서퍼의 기술을 터득하십시오.

감정을 인정하고 조절하는 것 외에 감정을 상대로 할 수 있는 일이 한 가지 더 있습니다. 감정을 '창조' 하는 것입니다. 감정이란 외부에서 오는 자극에 의해 일어나는 것이라고 흔히 생각합니다. 물론 자극에 의해 감정이 일어나지만, 자극에 대해 어떻게 반응하는가 하는 것은 전적으로 내 뇌의 몫입니다. 타고난 기질이나 자라난 환경 등 개인적 요인과 사회 문화적 특성에 의해 감정 반응의 틀이 만들어집니다. 감정 반응의 틀이 한번 만들어지면 그에 따라 반응하는 습관을 바꾸기가 쉽지 않습니다. 다른 식으로 반응해 보려고 해도 이미 만들어진 길을 따라 감정이 질주해 버리기 때문입니다.

이미 난 길을 없애는 것보다 새 길을 더 크게 내면 자연히 옛길은 수풀에 덮여 사람들의 발길이 끊깁니다. 습관도 그렇습니다. 묵은 습관을 바꾸는 가장 효과적인 방법은 새로운 습관을 만드는 것입니다. 부정적인 감정에 잘 빠지는 사람이라면 긍정적인 감정을 일으키는 일들을 자기 뇌에 자꾸 경험시키면 됩니다. 이것이 감정을 창조하는 것입니다. 이전의 부정적인 습관에 선전포고를 하는 대신 다른 것에 관심을 가지는 것에서부터 창조가 시작됩니다. 자신의 뇌에 새로운 스타일의 옷을 한 벌 선물하는 기분으로 지금까지와는 좀 다른 시도를 해 보십시오. 이런 시도가 뇌에 새로운 감정들을 창조합니다. 외부 자극에 수동적으로 빠져드는 것이 아니라, 자신이 스스로 제공하는 정보에 대해 능동적인 감정반응을 창조하는 것입니다.

　이러한 훈련을 계속해 가는 동안 이전의 습관은 차츰 힘을 잃어갑니다. 뇌는 끊임없이 변화할 수 있도록 설계되어 있습니다. 이를 뇌의 가소성이라고 합니다. 변화하고 수용하고 성장하는 것이 뇌의 본질인데, 딱딱하게 굳은 습관이 자기인 줄 알고 산다면 참 답답하고 억울한 일 아니겠습니까.

　감정이 뜻대로 조절되지 않는 것은 감정 조절의 기준이 되는 '뜻'이 사실상 없기 때문입니다. 뜻이 있다면 감정을 그 뜻대로 조절할 수 있습니다.

화가 나면 왜 얼굴이 달아오를까

뇌는 수승화강을 원한다

화가 난다는 말을 흔히 '열 받는다' 또는 '뚜껑이 열린다'고 표현합니다. 화가 나면 속에서 뜨거운 것이 위로 치밀어 오르고, 얼굴이 붉으락푸르락하면서 눈도 이글이글 타오릅니다. 머리가 끓는 주전자처럼 뜨거워지고, 급기야 주전자 뚜껑이 증기에 들썩이는 것처럼 머리 윗부분이 화끈거리는 상태로 치닫습니다. 그야말로 열을 받아 뚜껑이 열린다는 말 그대로입니다.

이것은 음양오행의 기운으로 말하면 상기, 즉 화기가 위로 올라간 상태입니다. '불 기운이 위로 오르는' 것이 '화가 나는' 것입니다. 우리 몸이 정상일 때 화기火氣는 아래로 내려가고 수기水氣는 위로 올라갑니다. 이 수승화강水昇火降의 상태를 유지할 때 몸이 편안하고 머리가 맑습니다.

수승화강은 건강을 지키는 핵심 원리입니다. 우리 몸의 장기들 중에서 수기의 근거지는 신장이고, 화기의 근거지는 심장입니다. 신장의 수기는 몸의 뒤쪽 중앙선인 독맥을 타고 위로 오르고, 심장의 화기는 몸의 앞쪽 중앙선인 임맥을 타고 아래로 내려갑니다. 그런데 화가 나면 임맥이 막히면서 화기가 아래로 내려가지 못하고 위로 치밀게 됩니다. 그러면 심장 박동이 빨라지고, 입안이 마르며, 어지럼증이 일어납니다. 강한 화기에 신장의 수기가 마르는 현상도 나타나는데, '피가 마른다'는 말이 여기서 나온 것입니다.

이러한 상태가 만성적으로 지속되면 몸이 병들고, 정신에도 문제가 생길 수 있습니다. 지속적인 화기에 뇌가 이상을 일으키는 것입니다. 뇌는 열에 매우 민감하고 약한데, 화기가 뇌에 계속 머물면 손상이 일어나고, 이것이 정신의 이상증세로 나타날 수 있습니다. 이 때문에 뇌는 인체의 다른 어느 곳보다 수승화강 상태에 가장 예민하게 반응합니다. 수승화강이 순조로우면 화가 쉽게 올라오지 못합니다. 그런데 피곤하거나 생각이 복잡하면 수승화강의 흐름이 흔들리면서 뇌의 안정이 깨집니다. 밤에 화가 잘 나는 이유가 이 때문입니다.

몸과 마음의 평정을 되찾기 위해서는 어떻게 해야 할까요? 먼저 화기의 통로인 임맥을 열어 주어야 합니다. 임맥을 여는 방법은 여러 가지입니다. 흔히 화가 났을 때 소리를 지르고 나면 속이 좀 시원해지지만 소리 지를 만한 공간이 마땅치 않을 것입니다. 소리를 지를 수 없을 때는 노래를 불러 보세요. 혼자 흥얼거리거나 노래방에 가서 몇 곡 부르는 사이에 저절로 답답하던 임맥이 풀릴 것입니다. 우리나라 사람들은 대부분 화기가 많은데 이 때문에 노래방이 성행하는지도 모르겠습니다.

따뜻한 차를 한 잔 마시는 것도 도움이 됩니다. 열이 난다고 차가운

음료만 찾으면 안 됩니다. 화기가 위로 치밀어 뱃속이 차가워져 있는데 여기에 찬 것을 더하면 화를 더 부채질하게 됩니다. 따뜻한 차로 아랫배를 데우면 장기가 안정되고, 차의 향기는 진정효과가 있어 머리와 가슴을 편안하게 합니다.

임맥을 직접 두드려 주는 것도 좋습니다. 양손을 가볍게 말아 쥐고 가슴 중앙선 부분을 톡톡 두드려 줍니다. 이 때 호흡을 같이 하면 더 효과가 있습니다. 숨을 편안히 들이마시고 내쉬는데, 특히 내쉴 때 입김을 불듯이 '하~' 하고 내쉽니다. 입을 조금 벌리고 날숨에 집중하여 호흡을 계속 하면 임맥이 열리면서 가슴이 시원해지는 것을 느낄 수 있습니다.

감각을 더 개발할 수 있을까
미개척지와 재개발구역에 도전하라

인체의 감각을 흔히 다섯 가지로 나누지만, 오감을 넘어 육감 이상의 감각이 존재함을 우리는 체험으로 알고 있습니다. 육감 이상 몇 차원의 감각이든, 분명한 사실은 모든 감각은 뇌와 연결된다는 것입니다. 인체의 세밀한 감각기관들을 통해 뇌는 정보를 받아들입니다. 눈, 코, 입, 귀, 피부를 통해 감지되는 엄청난 양의 정보가 뇌로 올라가고, 뇌는 그것에 반응합니다.

만약 정보를 차단하면 뇌는 어떻게 될까요? 정보를 차단한다는 것은 눈, 코, 입, 귀, 피부 등의 감각기관이 뇌에 정보를 보내지 못하는 상태를 말합니다. 뇌는 멀쩡한데 갑자기 감각기관들로부터 아무런 정보도 받지 못한다면 뇌는 미치고 말 것입니다. 감옥에서 수감자를 벌할 때 독방에 가두는 이유도, 극도로 좁고 어두운 방에서 혼자 오랜 시간 견뎌야 하는 고통이 상상 이상으로 크기 때문입니다. 오래 굶으면 죽듯이, 뇌는 정보를 지속적으로 차단당하면 기능에 이상을 일으킵니다. 복잡한 감각 정보가 끊기면 뇌가 할 일이 없어져서 편안해 하는 것이 아니라 오히려 못 견뎌 합니다. 여러 가지 감각정보가 들어와야 자신이 어떤 상황에 있는지 알아차리고 적절한 판단을 내릴 텐데, 정보가 끊기면 그러한 기능을 할 수 없어서 혼란에 빠지는 것입니다. 만약 모든 감각정보가 완전히 차단되고, 그 상태가 오래 지속된다면 뇌는 붕괴되고 말 것입니다.

뇌는 감각정보에 매우 민감합니다. 눈을 깜박하는 순간 뇌파가 달라지고, 냄새를 맡는 것만으로도 뇌내 신경전달물질의 분비가 달라집니다. 그렇다면 특정한 뇌의 감각반응을 개발하고자 할 때는 그에 해당하는 정보자극을 지속적으로 주면 될 것입니다. 와인 감별사들이 최고 전문가인 소믈리에 자격을 얻기 위해 늘 와인을 맛보고 냄새를 맡고 색을 살피며 감각을 예민하게 단련하는 것이 그 예에 해당하겠죠. 사실 이런 자극과 반응은 일상적으로 늘 일어나는 일입니다. 그러나 이것은 대개 습관의 범주 안에서 일어납니다. 사고의 틀, 생활의 틀 안에서 익숙한 정보가 주어지고, 그에 대한 반응도 정해진 뇌회로를 따라 비슷하게 일어납니다. 이렇게 습관의 범주 안에서 만들어낸 자극과 반응 시스템을 자기의 성격이나 개성, 또는 한계라고 생각하기 쉽습니다. 하지만 이는 뇌회로의 구성이 현재 그렇게 되어 있는 것일 뿐, 전기배선을 바꾸듯 뇌회로를 새로 만들어 변화할 수 있습니다.

성장기가 지나도 뇌는 성장을 멈추지 않습니다. 일정한 때가 되면 키는 더 이상 자라지 않지만 뇌회로는 계속 생성됩니다. 한 사람이 가진 뇌세포는 그 수가 대략 1천억 개에 이릅니다. 그리고 한 개의 뇌세포는 1천 개의 가지를 뻗으며 연결됩니다. 1천억 개 곱하기 1천 개는 거의 무한대라 할 만한 수치입니다.

뇌의 본질이 바로 이 무한성에 있습니다. 뇌세포의 수와 구성 방식만 알아도 '뇌를 더 개발할 수 있을까' 하는 의문이 사라지고, 대신 '뇌를 어떻게 하면 개발할 수 있을까' 하는 생각을 하게 될 것입니다.

뇌를 개발하려면 먼저 뇌의 감각을 깨워야 합니다. 오감을 통해 들어오는 정보를 뇌가 매순간 감각하고 있지만, 그것은 대개 습관적 감각입니다. 예를 들어, 눈으로 수없이 많은 정보가 들어오지만 뇌는 그 중에 몇 가지 정보에 대해서만 '보았다'고 정보처리를 합니다. 뇌 감각이 깨어 있다는 것은 습관적 감각에 머물지 않고, 오감을 통해 들어오는 정보를 민감하게 지각하고 생산적으로 처리하는 상태를 말합니다.

뇌감각을 깨우는 데 오감을 활용합니다. 오감의 통로가 뇌와 가장 직접적으로 연결되기 때문입니다. 시각, 후각, 미각, 청각, 촉각을 통해 적극적으로 뇌에 정보를 제공할 수 있습니다. 그런데 이때 중요한 것은 정보의 질입니다. 어떤 정보를 뇌에 줄 것인지를 판단하는 기준이 필요합니다. 질을 가늠하는 기준이 없으면 이런저런 정보를 그저 넣기에만 급급할 것이고, 들어간 정보들은 떠돌거나 엉키기 십상입니다. 질 좋은 정보를 얽는 가장 명확한 기준은 건강, 행복, 평화입니다. 우리가 원하는 모든 것이 이 세 가지 안에 있습니다. 이 정보가 나를 건강하고 행복하고 평화롭게 하는 데 도움이 되는가 아닌가를 기준으로 판단하면 됩니다.

뇌 감각이 어느 정도로 개발될 수 있는지 연구 실험한 결과 나온 것이 HSP입니다. HSP는 아이들이 일정한 트레이닝을 통해 눈을 감은 상태에서 색깔과 모양을 인지하는 단계까지 뇌 감각을 개발하는 과정으로, 고등감각인지(Heightened Sensory Perception)라고 합니다. HSP 연구를 통해 우리 뇌의 잠재력을 확인하고, 훈련으로 그것을 개발할 수 있음을 입증하였습니다. 또한 HSP를 개발하는 아이들이 해마다 국제브레인 HSP올림피아드에 천여 명씩 참가해 뇌 감각을 겨루는 모습은 많은 이들에게 뇌에 대한 자각의 기회를 갖게 하고 있습니다.

HSP연구에는 신희섭 박사(한국과학기술연구원 신경과학센터장)와 조장희 박사(가천뇌과학연구소 소장) 같은 세계적인 뇌과학자들이 참여하고 있습니다. 그래서 뇌 개발에 도전하는 이 연구가 과학적으로도 매우 가치 있는 연구 성과를 거둘 것이라고 기대합니다.

뇌 감각은 자신의 뇌를 믿고 훈련하는 만큼 개발됩니다. 자기 뇌의 미개척지와 재개발 구역에 도전하시기 바랍니다.

쾌감에 대한 욕구는 왜 끝이 없을까

뇌가 일으키는 어처구니없는 테러

욕구는 계속 고양되려는 속성이 있습니다. 식욕, 성욕, 지식욕, 수집욕, 지배욕, 명예욕, 권력욕 같은 모든 욕구는 그 욕구가 충족되는 순간의 쾌감에 이끌려 계속 'Go'를 외칩니다. 처음의 목적은 사라지고 욕구 자체에 취해서 가는 것입니다.

인간은 오감을 통해 생존에 필요한 만큼의 정보만 취하는 것이 아니라, 감각을 만족시키기 위해 끝없는 탐색을 벌입니다. 시각적으로 아름다운 것, 기분 좋은 냄새, 기막힌 맛, 멋진 음악, 성적 쾌락에 대한 몰입과 탐구는 인간의 문화사를 이뤘고, 한편으로는 그것이 지나쳐 파멸에 이르는 역사를 쓰기도 했습니다.

쾌감의 욕구는 물론 뇌에서 일어납니다. 그런데 이러한 뇌의 욕구가 매우 일방적으로 작용하는 것처럼 보일 때가 있습니다. 위장이 꽉 찼는데 뇌는 혀를 통한 미각의 쾌감을 포기하려 들지 않고, 담배가 폐를 망가뜨리고 있는데도 뇌는 집요하게 니코틴을 즐깁니다. 또 질병에 감염될 가능성이 있는 상황에서도 성욕을 거두지 않고, 마약이 목숨을 위협해도 갈구를 멈추지 않습니다. 뇌가 쾌감을 얻을 수만 있다면 몸이 어떻게 되든 상관없다는 식의 반응입니다.

쾌감은 인간을 고양시키는 중요한 감각이고, 쾌감을 느끼고자 하는 욕구에는 아무 문제가 없습니다. 하지만 쾌감 자체에만 빠져들면 뇌감각의 균형을 상실하여 심지어 몸이 죽는 것도 아랑곳하지 않게 되는 것입니다. 뇌가 이런 어처구니없는 일을 벌이게 되는 원인은 뇌의 주인이 실종됐기 때문입니다. 정보를 선택하는 기준과 방향을 제시하는 주인이 없기 때문에 뇌는 그저 기본 기능대로만 작동하는 것입니다.

성, 담배, 술, 마약, 도박을 비롯해 크고 작은 모든 중독의 치료 방법은 한 가지입니다. 자기 뇌의 주인자리를 되찾는 것입니다. 비어 있던 주인자리, 다른 것이 차지하고 있던 주인자리에 당당하게 자신이 들어서야 합니다.

감각에 끌려다니지 말고 뇌의 주인으로서 자신의 뇌를 운영하십시오. 이렇게 하는 데 도움을 주는 방법 중에 하나가 명상입니다. 명상을 하면 외부로부터 들어오던 감각자극이 멈추면서 뇌파가 안정되고 뇌 자체의 감각이 깨어납니다. 뇌감각이 깨어 있을 때 우리는 감각정보에 대해 주체적으로 반응할 수 있습니다.

명상의 효과에 대한 뇌과학 분야에서의 연구가 점차 활발히 이뤄지고 있는데, 그 중에서 뇌내 신경전달물질의 작용을 통해 명상의 효과를 밝히는 부분은 특히 흥미롭습니다. 이에 대해서는 다음 장의 명상과 뇌에 대한 부분(89쪽)에서 이야기하겠습니다.

사랑하면 왜 힘이 날까

사랑이 뇌를 최적화한다

사랑을 시작한 사람에게서 나타나는 몇 가지 특징이 있습니다. 싱글벙글 잘 웃고, 부쩍 활기를 띠며 의욕적으로 움직입니다. 대개 이런 변화는 당사자보다 주변 사람들이 먼저 알아챕니다. 그래서 재채기와 사랑하는 마음, 이 두 가지는 감출 수 없다는 말이 있지요.

사랑은 말 이전에 온몸으로 드러나게 되어 있습니다. 사랑을 시작한 뇌는 기쁨과 행복을 느끼게 하는 신경전달물질을 분수처럼 뿜어내어 몸과 정신이 환호성을 지르게 합니다. 이렇게 들뜬 상태를 만드는 신경전달물질의 이름은 도파민입니다. 도파민은 연애 초기에 많이 분비됩니다. 이후 시간이 지나면 도파민의 분비량은 차츰 줄고, 대신 안정된 만족감을 주는 신경전달물질의 활동이 증가합니다. 이런 변화를 연인들은 열정이 식은 것이라고 표현하지만, 뇌의 입장에서 보면 뇌를 좀더 안정화시키는 작업이라고 할 수 있습니다. 도파민은 중독성이 있기 때문에 시간이 지날수록 자극에 반응하는 감도가 떨어집니다. 불안정한 도파민의 흥분은 시간과 함께 지나가게 되어 있는 것입니다.

뇌는 도파민의 축제가 끝난 이후에도 사랑의 상태를 지속하려고 합니다. 사랑하는 상태에 있으면 뇌가 에너지를 충분히 공급받아 힘이 넘치고 동기유발도 잘 되기 때문입니다. 사랑이 뇌를 최적화하는 것입니다. 그래서 뇌는 항상 사랑하는 상태를 원합니다.

사랑의 대상은 연인뿐 아니라 가족, 친구, 동료, 이웃을 비롯해 동물이거나 일, 공동체 같은 것일 수도 있습니다. 대상이 무엇이든 사랑한다는 것은 대상에 매우 집중해 있는 상태입니다. 집중하면 뇌회로들이 정비되면서 뇌의 전체 기능이 활성화됩니다. 뇌는 이런 상태를 매우 좋아합니다. 그런데 사랑을 받는 것만으로는 이런 상태에 이를 수 없습니다. 그래서 뇌는 늘 사랑할 대상을 찾습니다. 사랑하지 않을 때 뇌는 힘이 뚝 떨어집니다. 사랑하는 데 쓰이는 수많은 뇌회로들이 일없이 쉬고 있어서 그럴 겁니다.

사랑하는 상태에 있을 때 뇌는 다른 어느 때보다 만족하고 행복해합니다. 사랑하면 힘이 나기 때문입니다. 어떤 뇌든 예외가 없습니다.

잘 먹고 잘 자는 데도 어쩐지 힘이 나지 않는다면, 그것은 사랑하기를 멈췄기 때문입니다.

뇌훈련

편도에 쌓인 감정의 찌꺼기를 씻어내다

뇌는 두 가지 감정을 동시에 품지 못합니다. 분노와 기쁨, 증오와 연민이 같은 순간에 일어날 수 없습니다. 거의 같이 일어나는 것처럼 느낄 때가 있지만, 이것도 순차적인 상태이지 동시는 아닙니다. 뇌는 한 번에 한 가지 감정만 처리합니다. 따라서 지금의 감정 상태에서 벗어나고자 한다면 뇌가 다른 감정을 느끼도록 해줘야 합니다. 화가 날 때 음악을 듣거나 달리고 나면 기분이 달라지는 이유가 이 때문입니다.

아이들의 뇌는 감정 전환을 아주 유연하게 잘 합니다. 말썽부린다고 엄마한테 엉덩이 맞고 서럽게 울다가도 엄마가 먹을 것을 주면 울음을 뚝 그치고 방글거리며 먹습니다. 서럽던 감정은 깨끗이 잊은 채. 그러나 어른들은 이런 감정 전환이 쉽지 않습니다. 언짢은 일로 종일 얼굴을 찌푸리고 있다가 저녁에 텔레비전 앞에서 코미디 프로그램을 보며 잠깐 웃어보지만, 잠자리에 들자마자 다시 그 일을 떠올리고는 밤새 뒤척입니다.

뇌에서 감정에 관한 기억을 관장하는 곳이 편도입니다. 태어나서 고양이를 한 번도 보지 않은 쥐도 고양이와 맞닥뜨리면 도망을 갑니다. 고양이에 대한 두려움의 감정이 쥐의 편도에 유전적으로 기억되어 있기 때문입니다. 그러나 편도에 손상을 입은 쥐는 고양이 앞에서도 태연합니다. 편도의 감정기억은 이처럼 생존에 반드시 필요한 정보인 경우도 있고, 사고와 행동에 장애로 작용하는 경우도 있습니다.

편도는 대뇌변연계에 위치하며, 가까이 붙어 있는 해마와 함께 기억 활동에 관여합니다. 해마는 정보 자체를 기억하며, 편도와 긴밀한

협조관계를 이룹니다. 우리가 수많은 정보들 중에서 감정과 결합된 정보를 더 오래 기억하는 이유가 바로 편도가 해마의 기능에 관여하기 때문입니다. 또 편도는 이성적 기능을 수행하는 대뇌피질과도 연결되어 작용하는데, 그 관계가 좀 일방적입니다. 편도가 대뇌피질에 더 강한 영향력을 행사하는 것입니다. 이는 흔히 감정이 이성을 압도하는 상황으로 나타납니다. 편도와 해마, 편도와 대뇌피질의 관계를 통해 감정이 뇌기능에 얼마나 중대한 영향을 미치는지 확인할 수 있습니다.

슬픔, 두려움, 분노, 외로움, 기쁨, 만족, 우울, 미움 같은 온갖 감정을 걸러내는 편도에는 감정의 찌꺼기가 쌓이기 쉽습니다. 감정의 찌꺼기가 쌓이면 편도의 조절기능이 떨어집니다. 해마와 함께 정보를 저장하거나 삭제하는 일을 원활히 수행할 수 없으며, 감정적 기억이 장애로 작용하기도 합니다.

편도의 기억을 정화하기 위한 이미지 수련은 감정적 기억의 장애로부터 벗어나는 데 도움을 줍니다. 이미지 수련은 상상을 통해 정보를 컨트롤하는 방법입니다. 이를 최면요법과 비교해 설명하면 이해하기 쉬울 것입니다. 최면요법은 최면 상태에서 뇌의 저항을 받지 않고 정보를 주입하여 이후에 그 정보가 무의식적으로 작동하게 합니다. 이는 마취 주사를 맞고 수술을 받는 것에 비유할 수 있습니다. 이에 비해 이미지 수련은 스스로 운동을 해서 자연치유력을 높이는 방식이라고 할 수 있습니다.

나의 편도는 지금 어떤 상태인가? '오늘의 대기오염도'를 표시하는 도로 전광판처럼 '오늘의 편도오염도'를 확인할 수 있다면 우리는 어떻게 대처할까요? 수치가 높게 나온 날은 몸을 씻지 않고 누웠을 때처럼 찜찜해서 그냥 잠자리에 들지 못할 것입니다. 하루 일을 마치고 몸을 씻듯이, 종일 엄청난 양의 정보를 처리해낸 뇌도 잠자리에 들기 전에 잠시 보살펴 주면 뇌가 좋아할 것입니다.

뇌는 우리가 잠든 동안 제 스스로 청소하고 정리정돈을 합니다. 바쁜 낮에 임시로 저장해 둔 정보를 다시 검토하여 제자리에 기억시키거나 삭제하고, 불필요한 정보들로 꽉 찬 휴지통을 비웁니다. 그런데 개중에는 잘 삭제되지 않는 정보들이 있습니다. 주로 편도에 눌어붙은 감정 정보들이 그렇습니다. 삭제되지 않는 이 정보들은 다른 정보가 들어오는 것을 방해하거나, 갖가지 오류를 일으킵니다. 이런 상황을 방치하지 말고 잠들기 전에 편도를 씻어 주십시오. 편도를 정화하는 이미지 수련을 통해 상상의 힘을 체험하게 될 것입니다. 잠자리에서 천정을 올려다보며 양을 세는 일보다는 재미있지 않겠습니까?

편도 정화하기

1. 잠자리에 편안한 자세로 앉습니다.
2. 눈을 감고 편안히 숨을 쉽니다.
3. 양손을 손바닥이 위로 오게 하여 무릎 위에 올려놓습니다.
4. 어깨에 힘을 빼고, 자신의 뇌에 집중합니다.
5. 뇌의 중심 부분에 알처럼 자리하고 있는 두 개의 편도를 느껴봅니다.
6. 두 개의 편도를 각각 자신의 손바닥 위에 올려놓는 것을 상상합니다.
7. 손바닥 위에 놓인 편도가 어떤 상태인지 살펴봅니다. 거뭇거뭇 얼룩져 있나요? 까맣게 때가 껴 있나요?
8. 눈앞에 더없이 맑고 깨끗한 샘물을 떠올립니다.
9. 편도를 샘물에 넣어 깨끗이 씻어냅니다.
10. 깨끗해진 편도를 다시 머릿속 제자리에 놓습니다.
11. 눈을 감은 채, 뇌 속에서 밝게 빛나는 편도를 바라봅니다.

몸과 뇌는 어떤 관계인가
가상의 정보도 뇌가 믿으면 현실이 된다

고대 이집트인들은 죽은 사람을 오래도록 보존하는 미라 제작 기술을 갖고 있었습니다. 미라 기술자들은 죽은 사람의 몸에서 장기를 모두 꺼내 방부 처리를 한 다음 항아리에 담아 보관했습니다. 그런데 뇌는 코를 통해 꺼낸 다음 그대로 버렸습니다. 콧속으로 꼬챙이를 넣어 뇌를 휘저어서 빼내기 때문에 형체가 훼손되어 보관이 불가능했던 점도 있겠지만, 당시 사람들이 뱃속의 장기에 비해 뇌의 기능을 미처 이해하지 못했기 때문에 그렇게 하지 않았을까 짐작해 봅니다.

뇌는 그 사람 자체라 할 수 있습니다. 뇌가 없는 몸이 없고, 인격 또한 뇌의 기능이기 때문입니다. 하지만 인간의 관심은 오랫동안 몸에만 집중되어 있었고, 인간의 정신활동에 관한 것은 뇌가 아닌 종교의 몫이었습니다. 그랬던 것이 과학의 발전과 함께 뇌가 어떻게 기능하는지 차츰 밝혀지면서 '뇌가 곧 나' 라는 명제까지 나오게 되었습니다.

이것은 매우 중요한 발견입니다. 성격이나 감정이 뇌의 기능에서 비롯된 것임을 알면 그러한 것과 자신을 동일시하지 않을 수 있습니다. 자신을 성격이나 감정과 동일시하는 경우에는 능동적인 태도를 갖기 어렵습니다.

뇌는 몸의 모든 부분을 관장합니다. 몸의 각 부분에서 올라오는 정보를 뇌가 받아서 그에 따라 정보처리를 합니다. 뇌가 받아들이는 것은 정보입니다. 만약 뇌에 실제가 아닌 가상의 정보를 주면 뇌는 어떻게 반응할까요? 이는 뇌가 그 정보를 믿는가, 믿지 않는가에 달렸습니다. 한 사형수를 대상으로 이를 실험한 예가 있습니다. 사형을 선고 받고 감옥에 있던 죄수에게 지금 사형을 집행한다고 속이고 사형실로 데리고 갑니다. 눈을 가린 상태로 의자에 앉은 죄수에게 집행관은 '사형 방법은 헌혈할 때처럼 주사기를 꽂아 호스로 피가 모두 빠져나오게 할 것'이라고 이야기합니다. 그리고 실제 주사기를 사형수의 팔에 찌르는 척하고, 미리 준비한 물로 핏방울이 똑똑 떨어지는 소리까지 연출합니다. 자기 몸속의 피가 모두 빠져나가고 있다고 믿은 죄수는 얼마 후 실제 사망에 이르렀다고 합니다.

또 한 실험에서는, 눈을 가리고 상체를 벗은 피실험자에게 실험자가 '잠시 후에 불덩이를 당신 가슴에 댈 것'이라고 말하고는 얼음조각을 들고 천천히 피실험자에게 다가가 가슴에 얼음을 댑니다. 그 순간, 두려움에 질려 있던 피실험자는 비명을 지르고, 그의 가슴에는 붉은 화상 자국과 함께 물집까지 생겨났다고 합니다.

위의 두 이야기는 좀 섬뜩하기도 하고, 인권 차원에서도 문제가 있는 실험입니다. 그러나 뇌와 몸의 관계를 극명하게 보여주는 사례여서 인용을 했습니다. 두 실험의 피험자들이 죽거나 상처를 입은 이유는 뇌로 들어온 가상의 정보를 완전히 믿었기 때문입니다. 피를 한 방울도 뽑지 않았는데 몸의 피가 다 빠져나갔다고 믿자 뇌는 그에 따라 생명 유지 기능을 멈췄습니다. 몸에 실제로 닿은 것은 얼음인데 불이 닿았다고 믿자 뇌는 그 부위 세포들에게 화상에 대처하라는 지시를 내려보냈고, 세포들은 그에 따라 물집을 형성했습니다. 실제로 일어난 일이 아니라 가상의 정보일 뿐인데도 뇌가 그것을 정말이라고 믿자 실제와 같은 반응이 일어난 것입니다.

특별한 식습관을 가진 사람들의 이야기도 뇌의 작용을 이해하는 데 도움이 됩니다. 쇠, 흙, 나무 등 보통 사람에게는 먹을거리가 아닌 것을 즐겨 먹는 사람들을 간혹 방송에서 봅니다. 자전거 한 대를 다 먹어치우는 남자, 수십 년 동안 날마다 집 근처 흙을 먹어온 중년부인, 흙을 간식처럼 맛있게 먹는 소녀, 이쑤시개나 나무쟁반이 군것질감인 여성 등, 희한하고 매우 위험해 보이는 식습관을 가진 이 사람들의 공통점은 건강 상태가 매우 양호하다는 것입니다.

이런 경우를 보면서 사람들이 하는 생각은 대개 '어떻게 저걸 먹게 됐을까', '저런 걸 먹고도 괜찮나' 하는 것입니다. 이는 뇌의 입장에서 생각해 보면 답을 알 수 있습니다. 그 사람은 어느 시점에 쇠, 흙, 나무 같은 것이 자신의 뇌에 '먹을거리'로 입력되는 강력한 순간을 체험했을 것입니다. 그리고 이후에는 어떤 노력이나 연습 없이도 그것을 잘 먹을 수 있게 되었고, 그것을 먹을거리로 인식하는 뇌는 이를 소화시킬 수 있는 소화액을 분비하도록 소화기관에 지시를 내린 것입니다.

플라시보 효과나 상상임신도 가상의 정보를 뇌가 믿고 이에 몸이 반응하는 경우입니다. 플라시보는 가짜 약이라는 뜻으로, 환자가 약 성분이 없는 흰 가루를 먹고도 약을 먹었다는 믿음 때문에 약효가 나타나는 현상입니다. 또 실제 임신한 것이 아닌데도 임신에 대한 공포나 갈망 때문에 월경이 멈추고 배가 불러오기도 합니다. 영국의 메리여왕은 상상임신을 반복하다가 상상분만까지 했다고 합니다.

정보에 대한 믿음이 강력하면 뇌는 그 믿음에 따라 우리가 알고 있는 것 이상의 기능을 발휘합니다. 뇌가 얼마나 막대한 기능을 갖고 있는지 그 누구도 알지 못합니다. 그저 무한대의 잠재력이라고 표현할 뿐입니다.

뇌를 움직이는 것은 정보입니다. 그리고 몸은 정보를 감지하는 감각기관입니다. 감각기관에서 보내는 정보를 뇌가 받아서 처리과정을 거쳐 몸에 다시 피드백을 합니다. 이때 뇌가 정보를 처리하는 데 브레이크 역할을 하는 것이 '의심'과 '두려움'이라는 감정입니다. 의심과 두려움이 반드시 부정적인 작용만 하는 것은 아닙니다. 생명체의 안전을 지키기 위해 의심하고 두려워하는 기능이 필요합니다. 쥐가 고양이를 두려워하지 않으면 잡아먹히는 것과 같습니다. 위험하지 않은지 의심하고 두려워하는 것은 생명체의 방어본능입니다.

하지만 의심과 두려움에 사로잡히면 아무 것도 할 수 없습니다. 피하지 않고 경험하고 성장하려면 의심과 두려움의 브레이크를 풀고 믿는 힘을 써야 합니다. 어떤 상황에서든 자신감을 잃지 말라고 하는 것은 스스로 믿을 때 뇌가 창조적인 힘을 발휘하기 때문입니다.

신경을 기준으로 보면 몸은 뇌가 연장된 상태입니다. 신경과학의 눈으로 봐도 몸과 마음은 하나인 것입니다. 자신을 건강하고 행복하게 하는 정보를 뇌에 많이 주십시오. 그리고 그 정보에 확신을 가지십시오. 몸과 마음이 더욱 건강하고 행복해질 것입니다.

뇌도 유전자에 의해 만들어지는가

유전자가 그리는 것은 뇌의 기본 배선도

한 사람의 특성을 형성하는 데는 유전 요인과 환경 요인이 모두 작용한다는 것을 우리는 잘 알고 있습니다. 그럼 어디까지가 유전이고 어디서부터가 환경의 영향일까요? 엄마의 자궁에서 세상으로 나온 순간일까요? 과학에서 말하는 유전과 환경의 경계선은 난자와 정자가 수정하는 순간입니다. 각각의 유전 정보를 담은 난자와 정자가 수정한 직후부터 환경에 영향을 받는다고 보는 것입니다. 수정되어 자궁 안에서 성장하는 동안 유전 요인과 환경 요인은 씨실과 날실처럼 엮이며 한 사람의 특질을 만들어 갑니다.

인체의 다른 부분과 마찬가지로 뇌도 이러한 과정 중에 형성됩니다. 유전 요인과 환경 요인이 세밀하게 작용하면서 뇌가 발달해 가는 것입니다. 유전자가 가진 정보에 따라 뇌의 밑그림이 그려지고, 환경은 밑그림에 새로운 부분을 그려 넣거나 채색을 합니다. 유전정보가 뇌를 완전히 지배할 수는 없습니다. 피부 색깔과 얼굴 생김새 같은 것은 유전적 특질에 따라 정해지지만, 근육과 지방을 조절하여 몸매를 만드는 것은 개인의 의지로 조절할 수 있는 것과 같습니다.

부모는 아이에게 유전자를 물려주는 유전 요인인 동시에 가장 강력한 환경 요인입니다. 모든 뇌는 유전적 특질 이상의 잠재력을 갖고 있습니다. 이 잠재력을 깨우는 데는 두 가지가 필요합니다. 아이의 가능성에 대한 부모의 믿음, 그리고 아이의 자신감입니다. 다른 사람이 믿어 주고, 스스로도 믿으면 두뇌의 힘이 증폭됩니다. 이는 어른의 경우도 마찬가지입니다.

자신감은 뇌를 활성화하는 첫 번째 열쇠입니다. 자신감이 있으면 긍정적인 태도를 갖게 되고, 긍정적인 태도는 정보에 유연하게 반응하여 변화하고 성장하는 속도를 높입니다.

지난 실수나 잘못된 행동 때문에 의기소침해 있거나, 습관을 바꾸고 싶다면 스스로 자신에게 이렇게 말해주십시오. "과거의 나는 그랬지. 그러나 지금은 아니야."

지난 경험을 부끄러워하거나 부정하거나 변명하지 않고 인정하는 순간, 뇌는 긴장으로 꽉 막혀 있던 회로를 풀고 새로운 생각을 하기 시작할 것입니다.

뇌는 고정되지 않습니다. 가소성 때문에 고정시킬 수 없습니다. 단지 자신이 고정됐다고 믿고 있을 뿐입니다. 이를 알면 변화하고 성장할 수 있다는 자신감을 가질 수 있을 것입니다. 끊임없이 변화하려는 뇌에는 변화의 방향을 가리킬 주인이 필요합니다. 여러분은 유전자나 환경이나 그 밖의 무엇인가에 뇌의 주인자리를 내주고 있지는 않습니까? 내가 뇌의 주인일 때, 유전 정보도 환경 정보도 자신감 있게 처리할 수 있습니다.

인간은 왜 이토록 질병에 취약할까

숨쉬는 감각을 회복하라

과학문명이 발달한 현대에 이를수록 질병의 종류는 더욱 증가하고 있습니다. 인간의 평균 수명이 계속 길어지고 있지만 수명이 곧 건강한 삶과 비례하지는 않습니다.

인간은 왜 병에 걸릴까요? 또 병의 종류는 왜 이렇게 많을까요? 자연생태계에 사는 야생동물들도 병에 걸립니다. 그러나 병 때문에 죽는 경우는 흔치 않습니다. 병약해지기 시작할 무렵에 이미 다른 동물의 먹잇감이 되거나, 스스로 치유하기 때문입니다. 야생동물들은 물이나 햇볕, 진흙, 식물 등을 이용해 스스로 치료하는 자연치유력을 타고납니다. 상처를 입으면 혀로 상처 부위를 핥은 다음 햇볕에 쬐이고, 피부병이 생기면 진흙목욕을 합니다.

그런데 인간과 섞여 사는 동물들은 야생동물보다 병에 더 많이 걸리고 치유력도 떨어집니다. 이것은 인간이 주는 먹이와 생활환경이 동물의 타고난 자연치유력에 영향을 미치기 때문입니다. 광우병이 대표적인 예입니다. 초식동물인 소에게 육식 사료를 먹인 것이 원인이었습니다. 가축을 비롯해 동물원에 사는 동물, 개나 고양이 같은 반려동물들은 인간처럼 병을 예방하기 위해 약을 먹거나 주사를 맞습니다.

인간도 훌륭한 자연치유력을 갖고 있습니다. 그러나 화학물질로 가득한 생활환경, 환경호르몬에 오염된 먹을거리, 강도 높은 스트레스 등을 겪는 사이 자연치유력이 점점 떨어지고, 이러한 면역력의 저하는 질병 유발로 이어지기 십상입니다. 그래서 건강을 지킨다는 것은 자연치유력을 유지하는 것이라고 할 수 있습니다.

동물들도 자신의 건강을 유지하기 위한 섭생법을 갖고 있습니다. 정해진 먹이를 먹고, 부리와 이빨을 관리하고, 정기적으로 목욕을 합니다. 인간의 섭생법은 더 많고 다양합니다. 자기 몸에 맞는 음식을 때에 맞춰 먹고, 깨끗이 씻고, 날씨에 맞게 입고, 적정시간 자고, 일하고, 운동하고, 놀아야 합니다. 이 밖에도 건강을 유지하는 데 필요한 것은 수도 없이 많습니다. 만약 이 모든 것을 목록으로 만들어 하나하나 점검하며 챙겨야 한다면 그것 자체가 스트레스로 작용할 것입니다. 건강에 대한 강박은 오히려 건강을 해칠 수 있습니다.

건강을 지키는 데 가장 필요한 요인은 '감각'이 살아 있도록 하는 것입니다. 몸의 메시지를 느끼고 그 메시지에 반응하는 감각이 살아 있을 때 건강을 통합적으로 지킬 수 있습니다. 뇌 감각을 살리는 가장 기본적인 방법 중에 하나가 '호흡'입니다. 누구나 숨을 쉬고 언제나 숨을 쉬지만, 숨을 쉬는 상태는 제각각입니다. 숨의 깊이와 길이가 다릅니다. 본래 사람은 먹고 자고 숨쉬기만 잘하면 건강하게 되어 있습니다. 그런데 잘 먹고 잘 자고 잘 숨쉬는 감각을 잃으면 건강에 문제가 생기는 것이고, 그런 감각을 지키기에 현대생활은 이전보다 더 불리한 상황입니다.

먹고 잠자고 숨쉬는 감각들 중에서도 가장 첫 번째가 숨쉬기입니다. 숨쉬는 감각을 깨우면 먹고 잠자는 감각이 함께 회복됩니다. 숨쉬는 감각을 깨워 몸 전체의 에너지 순환 리듬을 살려내는 방법으로 개발한 것이 '정충호흡'입니다. 이는 꼬리뼈를 살짝 말아준 상태에서 내쉬는 숨에 집중하는 호흡입니다. 숨을 들이마시고 길게 내쉬고, 다시 들이마시고 내쉬기를 반복하면 차츰 긴장이 풀리면서 상체가 이완됩니다. 이때 꼬리뼈를 말면 아랫배에 힘이 들어가게 되어 몸의 중심이 자연스럽게 아랫배 단전으로 이동하고, 그 상태에서 호흡을 계속해 주면 단전의 힘이 강화됩니다. 단전은 우리 몸의 에너지 센터이기 때문에 단전을 강화하면 몸 전체의 에너지 순환 리듬이 살아납니다.

꼬리뼈의 반대쪽 끝은 뇌입니다. 꼬리뼈는 나무의 뿌리이고, 척추라는 줄기를 따라 올라가면 가지 끝에 열매처럼 뇌가 달려 있습니다. 뇌와 꼬리뼈는 척수를 통해 연결됩니다. 꼬리뼈에서부터 뇌를 각성시키는 이 호흡법은 뇌 감각을 깨우고, 몸의 전체적인 기능을 활성화함으로써 자연치유력을 높여 줍니다.

명상을 하면 뇌에 무슨 일이 일어나는가

감각 자극이 뇌를 변화시킨다

뇌는 뉴런과 뉴런 사이에 신호를 주고받음으로써 정보를 전달합니다. 뉴런과 뉴런 사이에는 시냅스라는 틈새가 있는데, 뉴런은 신경전달물질을 분비해 이 시냅스를 건너갑니다. 신경전달물질이 적절하게 분비되어야 정보전달이 원활히 일어난다고 할 수 있습니다(28쪽 '뉴런과 시냅스' 참조).

최근 더욱 큰 관심을 끌고 있는 명상의 효과도 신경전달물질의 기능과 관련해 부분적인 설명이 가능합니다. 우리 뇌는 수십 가지가 넘는 신경전달물질을 분비합니다. 이 중 명상과 관련해 도파민, 노르아드레날린, 세로토닌, 이 세 가지 신경전달물질의 기능을 이해할 필요가 있습니다. 우리가 느끼는 기쁨, 쾌감, 분노, 행복감, 평화로움 같은 상태에 이 물질들이 관여합니다. 어떤 물질이 얼마만큼 분비되는지, 주로 잘 분비되는 물질이 어떤 것인지에 따라 그 사람의 감정적 특성이나 기질이 만들어지기도 합니다.

기쁨과 쾌감을 일으키는 도파민

도파민은 기쁨과 쾌감에 관여합니다. 월드컵에서 우리 선수가 골을 넣는 순간 솟구치는 기쁨, 열정적 사랑에 빠진 연인의 격정 같은 것이 도파민의 작용입니다. 그러나 도파민의 쾌감을 계속 추구하다보면 도파민 중독에 빠질 수 있고, 쾌감이 좌절되면 반대로 공격적이고 파괴적인 반응을 나타냅니다. '끝내주는 것'을 지나치게 좇다 보면 도파민 과잉으로 문제가 될 수 있습니다.

　도파민의 기쁨은 상대적인 감정입니다. 누구를 이겨서 좋고, 내기에서 돈을 따서 좋은 것입니다. 경쟁에 져서 도파민을 공급받지 못하면 좌절하거나 폭력적 감정이 일어나게 됩니다. 도파민 분비가 너무 많으면 정신분열 같은 이상 증세가 나타나기도 합니다.

공격성을 자극하는 노르아드레날린

노르아드레날린은 화가 나거나 스트레스를 받을 때 주로 분비됩니다. 뇌가 외부로부터의 위협을 감지하고 그에 대응하기 위해 공격 태세를 갖추는 것입니다. 긴장해서 등을 웅크리기만 해도 뇌는 무슨 일이 난 줄 알고 서둘러 노르아드레날린을 분비합니다.

　노르아드레날린은 도파민과 흔히 짝을 이룹니다. 도파민을 분비하기 위해 먼저 노르아드레날린이 필요한 경우가 많기 때문입니다. 축구에서 우리 팀이 이겨서 도파민을 분비하기 전까지는 주먹을 불끈 쥐고 내내 노르아드레날린을 내뿜고 있는 식입니다. 그러다 경기에 지면 이미 노르아드레날린에 충분히 젖은 뇌의 명령을 따라 경기장에서 난동을 부리는 훌리건으로 돌변하게 되는 것입니다. 또 열정적 사랑의 기쁨 이면에는 연인을 잃지 않으려는 긴장이 작용합니다. 동물의 세계를 보면 잘 알 수 있습니다. 수컷이 암컷을 차지해 도파민의 절정에 이르기 위해서는 먼저 사생결단의 자세로 노르아드레날린을 잔뜩 뿜어 다른 수컷들을 제쳐야 합니다. 도파민을 얻기 위해 노르아드레날린으로 전쟁을 치르는 것입니다.

행복한 뇌를 만드는 세로토닌

세로토닌을 '평화의 전령'이라고 합니다. 기분을 좋게 하고, 안정감과 활력, 행복한 느낌에 관여하기 때문입니다. 창의적인 활동을 하면 세로토닌이 증가하고, 스트레스를 받아 불쾌함과 위기를 느낄 때는 감소합니다.

세로토닌 분비가 원활할 때 의욕과 활기가 살아나는데, 분비량이 적으면 감정조절에 장애가 생겨 충동적이고 화를 잘 내고 우울한 증세를 보입니다. 우울증 치료제로 쓰이는 프로작은 바로 세로토닌 분비를 촉진하는 약입니다. 세로토닌이 부족하면 식욕이 증가해 비만의 원인이 될 수도 있습니다. 가공식품 비중이 높은 식사나 무리한 다이어트 등도 세로토닌을 감소시키는 요인이 됩니다.

세로토닌은 상대적 기쁨이 아닌, 절대적 만족감을 줍니다. 누구를 이기거나 소유해서 좋은 것이 아니라, 홀로 내면이 평화로운 상태입니다.

원숭이 사회에서는 세로토닌 양이 적은 원숭이가 대체로 낮은 서열에 속한다고 합니다. 그런데 낮은 계급의 원숭이에게 약물 실험을 통해 세로토닌 양을 증가시키자 이후 서열이 상승했다는 연구 보고가 있습니다. 세로토닌이 사회적 행동에도 중대한 영향을 미치고 있음을 알려주는 사례입니다.

세로토닌 분비를 촉진하는 명상

편안하고 기분 좋은 상태란 세로토닌이 잘 분비되고 있음을 뜻합니다. 세로토닌 분비를 효과적으로 유도하는 방법이 바로 명상입니다. 호흡과 동작과 의식을 일치시키는 명상은 우리 몸이 세로토닌을 원활하게 분비할 수 있도록 돕습니다. 그렇다고 명상을 어렵게 생각할 필요는 없습니다. 뒤집어 생각하면, 세로토닌을 분비시키는 행위를 곧 명상이라고 해도 좋을 것입니다. 가부좌 틀고 호흡하는 것뿐만 아니라 산책하고 차 마시고 웃고 칭찬하고 사랑하는 행위가 다 명상일 수 있습니다.

명상의 자세와 절차에 매일 필요도 없습니다. 뇌에 좋은 자극을 주어 뇌기능이 활성화하고, 그에 따라 건강하고 행복하고 평화로워지면 됩니다. 다만 명상법으로 제시되는 동작들은 오랜 시간에 걸쳐 그 효과가 검증된 것이기 때문에 처음 명상을 접하는 경우에는 그 방법에 따라 감각을 익히기를 권합니다.

감각 자극은 뇌를 물리적으로 변화시킵니다. 자극이 많은 환경에서 동료들과 함께 생활한 쥐와 자극이 전혀 없는 환경에 혼자 있던 쥐의 뇌를 비교하면, 자극을 많이 받은 쥐의 뇌에서 뉴런 결합이 더 많이 보인다는 연구 보고가 있습니다. 또 택시 운전사들의 뇌 구조가 일반인과 다르다는 연구 결과도 흥미롭습니다. 장시간 운전을 하는 택시 운전사들은 운행을 담당하는 뇌의 영역이 일반인보다 크고, 경험이 많은 운전사일수록 더 크다고 합니다. 이는 감각 자극이 뇌의 형태를 물리적으로 변화시킬 수 있음을 보여주는 사례들입니다.

명상은 일상적이고 습관적인 자극 외에 의식적으로 뇌에 긍정적인 자극을 주는 행위입니다. 명상하는 감각이 생기면 일상적이고 습관적으로 해온 일들도 명상이 되게 할 수 있습니다. 불교에서는 행주좌와 어묵동정行住坐臥語默動靜이 일여一如 하다는 표현을 씁니다. 밖으로 다니거나 집에 있거나, 앉거나 눕거나, 말하거나 침묵하거나, 움직이거나 가만히 있거나 한결같다는 뜻으로, 감각이 깨이면 장소나 방법은 문제가 되지 않습니다.

명상은 단순합니다. 눈을 감아 보십시오. 그 순간 눈앞에 우주가 펼쳐집니다. 눈꺼풀이 닫히면서 생긴 어둠을 우주 공간이라고 상상합니다. 그 깊은 어둠을 바라보며 조용히 코끝으로 들어오고 나가는 숨을 느낍니다. 그러는 사이 뇌는 놀랍게도 신경세포 간의 연결을 정비하고 새롭게 가동할 준비를 갖춥니다.

건강한 생활을 위한 5분 명상

생활명상은 일상의 움직임들과 별로 달라 보이지 않는 방법으로 명상의 효과를 얻는 것이라 할 수 있습니다. 걷기 명상이 그 한 가지입니다. 생각에 골몰하거나 주위를 두리번거리면서 걷는 것이 아니라, 자기 몸무게를 느끼면서, 다리의 각도와 리듬과 속도를 느끼면서 걷기에 집중합니다. 그러면 호흡과 동작과 의식이 일치되면서 몸이 편안해지고 활력이 충전됩니다. 바른 자세로 걸으면 이완과 긴장의 균형이 맞추어져 뇌기능도 향상됩니다.

걷기, 달리기, 숨쉬기, 음악 듣기, 좋은 냄새 맡기, 천천히 먹기, 노래 부르기, 산에 오르기, 청소하기, 차 마시기, 일기쓰기, 밤하늘 올려다보기, 식물 기르기, 목욕하기, 잠자기. 이 모든 일상의 움직임에 호흡과 집중을 더하면 명상이 됩니다.

명상은 생각이 아니라 느낌입니다. 호흡을 하며 느낌에 집중하면 생각이 사라집니다. 몸이 편안해지고 머리가 맑아집니다.

자동차나 사무실 의자에 앉아 있다면 이렇게 해 보십시오.

1. 허리를 바로 세우고, 팔을 편안히 늘어뜨려 양손을 다리 위에 얹습니다.
2. 눈을 지그시 감은 상태에서 손에 의식을 집중합니다. 손에서 코끝으로, 코끝에서 콧구멍으로 의식을 이동합니다. 코로 숨이 들어오고 나가는 것을 가만히 느낍니다. 피부와 공기의 미미한 마

찰을 느끼는 사이 집중이 더욱 깊어집니다.

3. 그 상태에서 혀끝을 윗니쪽 입천장에 붙입니다.

4. 그렇게 5분쯤 지나면 입안에 맑은 침이 고입니다. 침이 나오는 것은 마음이 안정된 상태에 있다는 신호입니다. 불안하고 긴장하면 침이 바짝 마릅니다.

5. 가슴이 답답하거나 화가 날 때는 입을 조금 벌린 상태로 숨을 내쉽니다. 턱에 힘을 빼면 아랫입술이 벌어집니다. 내쉬는 숨소리는 '하~' 하고 나도록 합니다. 가슴 저 아래쪽에서부터 훑으면서 올라오는 소리입니다. 들숨은 입을 벌린 상태에서 코로 들어오게 합니다. '하~' 내쉬는 숨을 천천히 수십 번 계속 하면 가슴이 풀리면서 좀더 여유 있는 마음을 가질 수 있습니다.

컴퓨터에 오류가 발생하면 리세트 버튼을 눌러 복원하듯, 5분 명상을 통해 몸의 상태를 틈틈이 회복해 주십시오.

마음은 어디에 있는가

뇌는 마음이 활동하는 무대

마음이 뭘까요? 마음과 정신, 의식, 영혼은 서로 어떻게 다른 것일까요? 마음은 어디에 있을까요?

　마음에 관해 종교, 철학, 심리학 분야에서 나온 책과 논문들은 수없이 많지만, 여전히 마음에 대한 의문은 사라지지 않고 있습니다. 최근 뇌과학이 부상하면서 그동안 인문학의 연구 대상이던 마음을 자연과학적인 방법으로 규명하려는 시도도 더해지고 있습니다.

　하지만 마음이 무엇이든, 뇌가 없으면 마음의 작용도 있을 수 없습니다. 뇌는 마음이 활동하는 무대입니다. 뇌와 마음을 완전히 동일시하는 것에 대해서는 논란의 여지가 있습니다. 하지만 뇌라는 실체를 연구함으로써 마음의 작용 원리를 더 잘 이해할 수 있는 것은 분명합니다.

　뇌와 마음의 관계를 보여주는 사례들이 있습니다. 평범하게 살아온 한 남자가 뚜렷한 이유 없이 자신의 어린 딸을 죽이고 체포되어 법정에서 재판을 받게 되었습니다. 그런데 이 남자에 대한 주변 사람들의 증언은 한결같이 '착하고 온순한 사람이었는데 갑자기 성격이 변했다' 는 것이었습니다. 이에 담당 변호사는 이 남자의 뇌에 혹시 문제가 생긴 것일 수도 있다고 판단하고 병원에서 뇌를 촬영하도록 했습니다. 검사 결과, 남자의 머릿속에서 커다란 혹이 발견되었습니다. 이 혹이 자라면서 분노를 관장하는 뇌 부위를 압박하여 뇌 기능에 혼란이 일어났던 것입니다. 그 남자는 마침내 무죄를 선고받았습니다.

평생 건설업을 하다가 은퇴한 한 남자는 어느 날 갑작스런 뇌출혈로 수술을 받았습니다. 그런데 수술 이후, 그는 이전에는 아무 관심이 없던 그림과 조각에 몰두하기 시작했습니다. 부인은 이런 남편이 생소하고 염려스러웠지만, 그 남자는 온종일 그림을 그리고 조각 작업을 하면서 이전과는 다른 생활에 매우 만족스러워하고 있다 합니다.

치매 환자 가운데 뛰어난 미술적 재능을 보이는 경우라든지, 파킨슨병 환자가 시에 심취하는 경우도 보고된 바 있습니다.

이런 사례들을 보면 성격이나 인격이라고 하는 것이 뇌의 구조적 특성과 매우 긴밀한 관계에 있음을 알 수 있습니다. 성격은 평생 어쩌지 못하는 개성이 아니라 뇌의 현재 특성에서 비롯되는 것이고, 사고나 중독, 질병 등으로 뇌에 변화가 생기면 성격도 달라집니다. 역으로, 뇌에 새로운 정보자극을 계속 주면 뇌가 바뀝니다. 운동을 하면 근육이 발달하는 것과 같습니다.

이것을 아는 것은 매우 중요합니다. 어떤 것도 정해진 것이 없음을 깨우치는 단서이기 때문입니다. 내가 나라고 믿는 모든 것이 착각이라는 불교의 가르침도, 무아의 깨우침도 이것과 통합니다.

　마음을 갈고 닦고 비우고 바꾼다는 것을, 뇌를 컨트롤한다고 생각해 보십시오. 뇌를 컨트롤하는 것이 마음을 움직이는 것입니다. 습관과 감정과 생각은 뇌에 입력된 정보일 뿐입니다. 정보는 바꿀 수 있습니다. 잘못된 정보, 기분 나쁘고 힘 빠지게 하는 정보는 걷어내고, 원하는 정보를 입력하면 됩니다.

　뇌를 컨트롤한다는 것은 뇌를 잘 활용한다는 뜻입니다. 뇌의 특성을 파악하고 그 특성을 이용하는 것입니다. 뇌를 잘 활용할 때 두뇌의 힘이 커지고, 두뇌의 힘이 커지면 마음의 힘 또한 크게 쓸 수 있습니다.

뇌가 나일까

뇌의 주인이 나다

몸은 뇌의 연장입니다. 뇌의 신경망이 온몸에 뻗어나가 있습니다. 마음 또한 뇌에서 일어나는 작용입니다. 뇌가 없으면 마음도 없습니다. 이렇게 보면 뇌가 곧 나라고 할 수 있습니다.

그런데 뇌의 상태를 항상 지켜보고 있는 '의식' 이라는 것이 있습니다. 뇌를 느끼고 컨트롤하는 의식도 역시 뇌에서 나오는 것이니까 뇌기능의 하나로 봐야 할 것입니다. 하지만 뇌와 뇌를 의식하는 주체를 분리해서 생각해 볼 필요가 있습니다. 두 가지를 분리하지 않으면 뇌는 운전자 없는 자동차와 같습니다.

자동차를 달리게 하려면 운전자가 필요하듯, 뇌를 잘 활용하려면 의식이 깨어 있어야 합니다. 뇌가 물론 나이기도 하지만, 뇌를 운영하는 주인의 역할이 필요하다는 얘기입니다. 뇌는 '좋은 뇌' 와 '나쁜 뇌' 로 나뉘지 않습니다. '주인이 있는 뇌' 와 '주인이 없는 뇌' 로 구분됩니다. 뇌를 지켜보는 의식이 깨어 있으면 '주인이 있는 뇌' 이고, 의식이 꺼지면 '주인 없는 뇌' 가 됩니다. 주인 없는 뇌는 감정에 휘둘리고 정보에 수동적으로 끌려 다니기 쉽습니다. 내가 내 뇌의 주인이라는 의식이 있을 때 감정과 정보를 능동적으로 처리할 수 있습니다. '뇌가 곧 나' 라는 생각보다는 '뇌의 주인이 나' 라고 인식하는 것이 뇌를 더 잘 활용하는 데 도움이 됩니다.

내가 내 뇌의 주인이라고 할 때의 '나' 는 '각성된 나' 입니다. 각성은 뇌가 통합된 상태를 말합니다. 뇌가 통합되면 어두운 방에 전구가 켜질 때처럼 머릿속이 환해지면서 상황을 선명하게 볼 수 있는 통찰력이 생깁니다. 통찰하는 힘이 나오는 이때가 바로 뇌의 주인이 나타나는 순간입니다. 주인은 뇌가 일차적인 생존본능과 습관에 따라 정보를 처리하려고 하는 상황에 개입하여 다른 선택을 하도록 합니다.

사례를 한 가지 들어보겠습니다. 한 남자가 배를 타고 가다가 바다 위에서 배가 침몰할 위기를 맞았습니다. 그런데 배에 탄 사람보다 구명보트가 부족했고, 급히 제비뽑기를 한 결과 그 남자는 구명보트를 탈 수 있게 됐습니다. 그런데 남은 사람들 중에 어린아이 한 명이 그의 눈에 들어왔습니다. 그는 자기가 뽑은 제비를 아이에게 주고, 침몰하는 배에 남기로 결정합니다. 이렇듯 뇌의 주인은 자신의 뇌를 죽이는 결론을 내기도 합니다.

반면에 나쁜 습관으로 인해 뇌 스스로 뇌를 죽이는 경우가 있습니다. 마약이나 알코올 중독처럼 뇌를 망가뜨리거나, 고통스러운 현실에 짓눌려 스스로 삶을 포기하는 경우입니다. 두 사례의 차이는 선택의 주체가 누구인가 하는 점에 있습니다. 주인으로서 능동적인 선택을 할 것인가, 생존본능과 습관에 끌려 갈 것인가가 삶의 질을 결정합니다.

자동차에 사람이 타고 달린다고 해서 사람까지 자동차라고 부르지는 않습니다. 마찬가지로, 모든 의식은 뇌 속에서 일어나지만 뇌를 컨트롤하는 의식을 뇌와 분리해 생각해 볼 수 있습니다. 오만 가지 감정과 정보로 뇌가 뒤범벅이 되도록 놔두지 마십시오. 뇌 속에서 일어나는 감정과 정보를 지켜보고, 그 처리 과정에 능동적으로 개입하는 뇌의 주인이 되십시오.

각성이 무엇인가, 각성이 어떤 상태인가를 말로 표현하기는 어렵습니다. 그러나 분명히 모든 뇌는 각성의 기능을 타고 납니다. 뇌가 통합 상태에 이르면 누구나 각성되고, 각성이 되면 이해관계에 매이지 않는 판단을 합니다. 자비로운 마음, 사랑의 마음을 냅니다. 건강하고 행복하고 평화로워지고자 하는 의지가 나옵니다. 이것이 각성의 여부를 판단하는 기준입니다. 모든 각성은 근본적으로 같습니다. 진리가 하나로 통한다는 말이 이것입니다.

각성은 생활의 목표, 삶의 목적이 분명할 때 더 밝게 빛납니다. 삶의 목적은 뇌에 방향 지시등 같은 역할을 합니다. 뇌는 그 불빛을 따라 모든 정보를 처리해 갑니다. 불빛이 없다면 뇌는 생존본능과 습관을 따를 수밖에 없습니다. 여러분은 삶의 목적이 있습니까? 삶의 목적이라는 방향 지시등을 켜놓는 사람이 바로 뇌의 주인입니다.

왜 간절히 원하면 이루어진다는 것일까

의지의 불을 밝히면 원시정보가 깨어난다

내가 온 마음으로 원하기만 하면 우주가 그것을 들어주려고 야단법석을 한다 했습니다. 우주의 운용 원리가 그렇게 되어 있습니다. 복권처럼 운이나 확률에 좌우되지 않고, 내가 원하기만 하면 이룰 수 있는 것입니다. 그렇다면 원했는데도 이루어지지 않는 것은 왜일까요? 중요한 것은 얼마만큼 온 마음으로 원했는가입니다. 온 마음을 다한다는 것이 어떤 것일까요? 간절함이 어느 정도여야 온 마음에 해당할까요?

마음을 뇌로 바꾸어 생각해 보겠습니다. 온 마음을 쓴다는 것은 뇌의 일부가 아닌 전체를 쓴다는 뜻입니다. 뇌 전체를 쓰기 위해서는 뇌가 통합이 되어야 합니다. 뇌가 통합되면 복잡하고 불안정하게 흐르던 정보들이 활동을 멈추고 고요해집니다. 이 때 뇌에서는 마술과 같은 일이 일어납니다. 뇌 속 깊이 잠재해 있던 원시정보가 깨어나 빛처럼 터져 나오는 것입니다.

원시정보란 근원적인 지혜이며 모든 사람의 뇌에 잠재해 있습니다. 인류가 긴긴 진화의 세월을 거치면서 뇌에 기본 기능으로 장착해 놓은 보물입니다. 하지만 모든 사람이 이것을 발견하지는 못합니다. 부채가 내 손에 있어도 그것을 펼쳐서 흔들어야 시원한 바람이 일 듯, 원시정보도 꺼내 쓰지 않고 그냥 두면 소용이 없습니다.

원시정보는 뇌가 통합된 상태에서 나오고, 통합은 집중할 때 가능합니다. 집중은 대상이 필요합니다. 한 점에 집중할 수도 있고, 어떤 상황에 집중할 수도 있고, 보이지 않는 목표에 집중할 수도 있습니다. 뇌는 집중상태를 매우 좋아합니다. 집중할 때 뇌가 안정되기 때문입니다. 집중하는 동안에는 정보의 혼선이 일어나지 않고 감정의 파도도 잠잠해져서 뇌가 기능하기에 아주 좋은 상태가 됩니다.

자신이 이루고 싶은 목표를 정하고 그것에 집중하면 원시정보가 나옵니다. 간절히 원한다는 것은 바로 굉장히 집중한 상태입니다. 그렇기 때문에 간절히 원하면 원시정보가 작용하여 마침내 그것을 이룰 수 있는 것입니다. 꿈이 있어야 한다, 비전을 품어야 한다고 하는 이유가 여기에 있습니다. 그런 의지가 있어야 뇌가 그것을 목표로 집중하고 원시정보를 꺼내 쓰는 것입니다.

의지의 불을 밝히면 원시정보가 나옵니다. 그러나 원시정보가 한번 나온다고 모든 것이 해결되는 것은 아닙니다. 어떤 일이든 하다보면 장애를 만나게 마련입니다. 장애에 부딪칠 때마다 이것을 어떻게 해결할 것인가 하는 의지를 낸다면 해결할 방법도 계속 나올 것입니다. 이런 과정을 여러 번 체험하다 보면 자기 뇌에 대한 신뢰가 생기고, 뇌를 쓰는 감각이 생깁니다.

나는 힘들 때마다 내 자신에게 이렇게 이야기합니다. "나에게 어떤 좋은 일이 생기려고 이런 시련이 오나." 실제 이런 마음으로 시련을 견디고 나면 정말 감사한 일이 생깁니다. 의지 – 집중 – 통합 – 원시 정보 다음에 오는 것은 다시 의지입니다. 아무리 힘들어도 포기하지 않고 꾸준히 가면 좋은 결과를 만날 수 있습니다. 그러나 포기하면 그것으로 끝나고 맙니다. 체험을 통해 뇌를 훈련시켜가야 하는데, 훈련 도중에 멈추면 뇌는 결국 포기하는 습관을 익히는 셈이 됩니다. 포기하면 원시정보가 가진 잠재능력은 아무 의미가 없어집니다. 잠재능력은 꿈을 위해서 나타나기 때문입니다. 역사상 중요한 성취를 이룬 인물들의 공통점은 자신의 꿈을 이루기 위해 포기하지 않고 도전했다는 것입니다. 무슨 일이든 처음부터 끝까지 쉽게 잘 되는 경우는 없습니다. 어려운 가운데 문제를 해결해 가는 것입니다. 해보지 않은 것이지만 믿고 도전할 때 원시정보가 작동하여 방법을 만들어 갑니다. 이것이 바로 뇌가 가진 창조의 힘입니다.

원시정보는 배우는 것이 아니라 누구나 원초적으로 가지고 있는 능력입니다. 얼마나 신나는 일입니까. 뇌 속 보물을 내 것으로 만들기 위해 지식을 쌓고 기술을 익혀야 하는 것이 아닙니다. 의지만 있으면 보물을 발견할 수 있습니다. 그런 의지가 있어야 지식과 기술도 도움이 됩니다. 지식이나 경험, 환경이 자신을 끌고 가지 못하게 하십시오. 그런 것들은 내가 활용할 대상이지, 그것이 곧 내가 아닙니다. 지식, 경험, 환경을 어떻게 활용할지 정하는 것이 바로 의지입니다. 의지가 있으면 창조가 일어납니다. 의지가 강할수록 창조의 힘이 커집니다.

습관은 어떻게 만들어지나

모든 것은 뇌 속 정보일 뿐이다

우리가 생각하고 말하고 행동하는 방식은 대부분 '습관적'으로 이루어집니다. 게다가 그런 습관들은 서로 긴밀하게 연결되어 있어 그 중에서 특정한 습관 한 가지를 바꾸는 것도 쉽지가 않습니다.

산 속에 사람들 발길이 계속 닿은 자리가 길이 되듯, 어떤 생각과 행동을 계속 하면 그것을 처리하는 뇌회로가 형성되는데 이것을 우리는 '습관'이라고 합니다. 뇌회로가 만들어지면 그 길로 들어오는 정보는 자동으로 처리됩니다. 그래서 습관대로 하는 것은 아주 쉽지만 습관을 바꾸기란 여간 어려운 것이 아닙니다.

습관을 바꾸는 방법은 두 가지입니다. 해당 뇌회로를 폐쇄하거나, 새로운 뇌회로를 만드는 것입니다. 보통은 앞의 방법보다 뒤의 방법이 더 효과적입니다. 예를 들어, 담배 피우는 습관을 바꾸려 할 때, 담배는 건강을 해치니까 끊겠다고 결심하고 흡연욕과 전면전을 치르는 경우가 있고, 건강을 위해 운동을 시작했다가 어느덧 담배를 더 이상 피우지 않게 되는 경우가 있습니다. 흡연욕과 전면전을 치르는 것은 뇌회로를 폐쇄하는 방식이고, 운동을 시작하는 것은 새로운 뇌회로를 만드는 방식입니다. 뇌회로를 폐쇄하려고 하면 뇌는 거기에 저항합니다. 금연이나 금주에 따르는 금단증상이 바로 뇌의 저항입니다. 이 저항을 의지가 이겨내지 못하면 금연과 흡연을 계속 반복하게 됩니다. 그래서 뇌회로를 폐쇄하려는 시도는 번번이 좌절하기 일쑤입니다.

그에 비해 새로운 뇌회로를 만드는 것은 일단 뇌의 저항이 강하지 않아 성공 확률이 높습니다. 하지만 뇌회로를 새로 만드는 데도 역시 꾸준히 포기하지 않고 해나가는 의지가 필요합니다. 시간은 적어도 3주 이상 걸립니다. 뇌에 새로운 뉴런 가지가 만들어지는 데 그 정도의 시간이 필요하기 때문입니다. 그리고 그것이 안정화되기까지는 다시 한두 달의 시간이 더 흘러야 합니다.

우리 문화 속에 21일과 100일을 기준으로 삼는 풍습이 있습니다. 아이 낳고 삼칠일(21일)동안 금줄을 치고 몸조리를 한다거나, 21일 정성을 드리고, 100일 기도를 합니다. 이렇게 기간을 정한 데는 그만한 이유가 있을 것인데, 뇌에 새로운 회로가 만들어지고 그것이 안정되게 자리를 잡는 기간에 해당한다는 점이 흥미롭습니다. 선인들은 새로운 체제로 변화하는 데 필요한 시간을 체험을 통해 잘 알고 계셨던 것 같습니다.

습관을 바꾸면 운명이 바뀝니다. 타고난 운명을 바탕으로 습관이 생겼다면, 습관을 바꿈에 따라 운명도 달라져야 하는 것이 맞습니다. 이 모든 것이 선택임을 깨닫게 하는 인디언 노인의 지혜로운 이야기가 있습니다.

마을의 추장인 노인이 어느 날 한 아이를 앉혀놓고 말합니다. "우리 마음속에는 선한 늑대와 악한 늑대가 사는데, 두 마리는 항상 서로 싸운단다. 싸우면 어떤 늑대가 이길 것 같니?" 아이는 선한 늑대가 이길 것도 같고 악한 늑대가 이길 것도 같아 대답을 하지 못하고 노인에게 답을 되묻습니다. 노인이 답합니다. "우리가 먹이를 준 늑대가 이긴단다."

선이 이기게 되어 있거나 악이 득세하는 세상이 아니라, 모든 것이 자신의 선택이고 책임이라는 이야기입니다. 이를 깨달으면 습관과 운명에 자신의 발목을 묶어두지 않을 것입니다.

자기가 관심을 기울이는 생각, 하루 중 가장 많이 하는 생각, 잠에서 깨어나 제일 먼저 하는 생각, 자기 전에 하는 생각이 무엇입니까? 그게 바로 먹이를 주는 것입니다. 그동안 여러분은 어떤 늑대에게 먹이를 주고 있었습니까?

뇌는 본래 매우 유연한 속성을 갖고 있습니다. 자신의 습관에 대해서도 유연한 마음으로 관찰하면서 원하는 정보를 뇌에 넣으면 됩니다. 지식을 주입하는 것이 아니라 의지를 세우는 것입니다. 정보를 넣으면 뇌는 반응하게 되어 있습니다. 뇌는 상반된 두 가지 정보를 동시에 처리하지 못하기 때문에 새로운 정보를 넣으면 옛 정보는 차단됩니다. 새로운 정보가 습관의 힘을 약화시키는 것입니다. 이후 계속 새로운 정보에 먹이를 주면 어느덧 옛 습관이 사라지면서 변화하는 자신의 모습을 보게 될 것입니다.

그런데 이렇게 해보려고 해도 뭔가 잘 되지 않는다면, 이런 이미지를 떠올려 보십시오.

자신의 뇌를 자동차라고 상상합니다. 운전석에는 자신이 앉아 있고, 차를 출발시키기 위해 시동을 겁니다. 그런데 차가 잘 나가지를 않습니다. 차를 살펴보니 사이드 브레이크가 강하게 걸려 있습니다. 사이드 브레이크는 자신의 관념이고 선입견이고 피해의식입니다. 이런 것들에 꽉 붙들려서 자유롭게 움직이지 못하고 있습니다. 이것에 붙들려 있는 상태에서는 관념이나 선입견이나 피해의식이 대단한 것으로 느껴집니다. 그러나 사실은 자동차의 사이드 브레이크 정도에 지나지 않습니다. 사이드 브레이크를 풀면 힘차게 차를 몰고 나갈 수 있습니다. 관념과 선입견과 피해의식이라는 걸림돌을 힘들게 들고 있지 말고 옆에 그냥 내려놓으면 됩니다. 그러면 자유롭게 뇌를 운전할 수 있습니다.

꾸준히 뇌에 새로운 정보를 준 사람, 자신의 의지로 새로운 습관을 만들어간 사람이 성공한 사람입니다. 새롭게 도전하려고 하면 뇌가 움찔 놀라 저항하지만, 저항보다 의지를 더 강하게 세우면 뇌는 의지에 순응해 스스로 방법을 찾는 데 열중하게 됩니다.

기억과 망각. 이 두 기능의 교차 덕분에 삶은 무너지거나 폭발하지 않고 나아갑니다. 그리고 이 훌륭한 기능의 지휘권은 물론 나 자신에게 있습니다.

쏟아지는 정보를 어떻게 해야 하나

뇌에 안테나를 세워라

'정보의 바다'로 불리는 인터넷이 빠른 속도로 대중화되면서 이제 '정보의 홍수'라는 말은 낡은 표현으로 들릴 만큼 엄청난 양의 정보가 넘쳐나고 있습니다. 정보의 양뿐만 아니라 정보의 유통과정도 이전과는 크게 달라져, 전 세계 인류가 실시간에 같은 정보를 공유하는 것도 가능해졌습니다.

이 같은 변화는 우리 삶에 구체적인 영향을 미치고 있습니다. 정보 독점이 사라지고 방대한 정보 교류가 일어남에 따라 일의 속도와 질이 높아지고, 삶의 패턴도 더 다양해지고 있습니다. 그런가 하면 다양한 가치 기준에 따라 쉼 없이 쏟아지는 정보들 때문에 스트레스와 혼란을 느끼기도 하고, 그 빠른 속도에 무력감이 들기도 합니다.

정보의 양보다는 정보를 어떻게 관리하는가가 더 중요합니다. 뇌에 어떤 정보를 주는가, 정보를 어떻게 활용하는가에 따라 삶의 내용이 만들어지고 인생의 가치가 결정됩니다.

뇌는 정보가 들어오면 일단 반응을 합니다. 그렇기 때문에 뇌에 정보 수혈을 잘 해야 합니다. 자신의 뇌에 어떤 정보를 주로 수혈하고 있는지 생각해 보십시오. 무작위로 정보가 흘러들어가고 있는지, 자신이 정보를 선별하는 주체로 역할하고 있는지.

정보를 선별 취합하는 일은 자기 뇌에 안테나만 잘 세워놓으면 어렵지 않습니다. 필요한 정보를 안테나가 알아서 수신하기 때문입니다. 희망, 꿈, 목표 같은 것이 바로 안테나 기능을 합니다. 안테나를 높고 튼튼하게 세울수록 정보 수신율은 더 좋아질 것입니다.

또한, 같은 정보라도 어떻게 처리하는가에 따라 결과가 달라집니다. 살면서 누구나 장애와 어려움을 만납니다. 그 상황이 위기로 끝날 것인가, 역전의 기회가 되게 할 것인가는 그 정보를 어떻게 처리하는가에 달렸습니다. '난 항상 재수가 없어' 하고 부정적으로 생각하는 사람은 그 정보의 노예가 되어 결국 상황을 극복하지 못합니다. 그러나 같은 상황에서도 '이번 일로 이런 것을 배웠으니 좋은 경험이 됐어' 하고 생각하면 자기 성장의 계기가 되는 것입니다.

뇌는 정보에 민감하지만, 한편으로는 그것이 현실의 정보인지 가상의 정보인지 분간을 명확히 하지 못합니다. 현실과 상상을 뚜렷이 구분하지도 않고, 꿈 꿀 때 그것이 꿈인지 생시인지도 모릅니다. 그래서 무서운 꿈을 꾸면 실제로 심장 박동이 빨라지고, 싸우는 꿈을 꾸면서 진짜 소리를 지르기도 합니다. 고통스러운 꿈을 꿀 때는 식은땀이 흐릅니다. 뇌 속에서 만들어진 장면이 꿈이라는 것을 뇌가 모르고 몸에 그런 반응이 일어나도록 지시를 하는 것입니다.

영화를 볼 때도 마찬가지입니다. 영화는 현실이 아니라 스크린에 쏟아진 빛일 뿐입니다. 그런데 우리는 영화를 보면서 눈물을 흘리고 웃고 무서워하고 분노합니다. 심지어 공포 영화를 보다가 심장 마비를 일으키기도 합니다. 이처럼 뇌는 가상의 정보에도 실제처럼 반응하여 몸에 생리적, 화학적 변화를 일으킵니다.

뇌에 어떤 정보를 주는가, 그 정보를 어떻게 처리하는가, 이 두 가지가 정보를 관리하는 기준입니다. 정보 관리를 잘 해서 자신의 희망, 꿈, 목표를 꼭 이루기 바랍니다.

덧붙여, 아주 간단하고 유용한 정보 관리법을 한 가지 알려 드리겠습니다. 잠들기 전에 뇌와 잠깐 이야기를 나누는 것입니다. 나는 잠들기 전에 뇌에게 이렇게 말합니다. '잠자는 동안 좋은 메시지와 힘을 주렴.' 그러고나서 아침에 눈 뜨면 머리가 아주 맑고 기분이 좋습니다.

잠을 자는 것은 몸이지 뇌가 아닙니다. 뇌는 잠들지 않습니다. 감각 정보를 차단하기 위해 몸을 재워 놓고 뇌는 부지런히 자기 일을 합니다. 깨어 있을 때 들어온 숱한 정보들을 필요한 곳에 저장하거나 삭제하고, 지난 정보들을 다시 꺼내 정리하기도 합니다. 잠들기 전에 뇌에게 이야기한 내용은 그런 과정을 처리하는 하나의 기준으로 작용합니다. 체험을 통해 나는 그렇다고 느낍니다. 여러분도 그 효과를 한번 실험해 보십시오.

집중력이 떨어지는 것은 왜 문제인가

집중할 때 뇌가 통합된다

ADHD라는 교육심리학 용어가 최근 미디어에 자주 등장합니다. ADHD(Attention Deficit Hyperactivity Disorder)는 '주의력결핍 과잉행동 장애' 증상입니다. 요즘 '장애'로 진단받을 만큼 주의가 산만한 어린이들이 늘고 있습니다. 유아기부터 텔레비전이나 비디오 같은 미디어에 무방비하게 장시간 노출되는 것이 원인으로 지적되고 있는데 이 밖에도 식습관을 비롯한 여러 환경 요인이 영향을 미친다고 합니다. ADHD 정도가 아니더라도 아이의 집중력이 떨어진다고 걱정하는 부모는 주변에 매우 많습니다. 수많은 부모가 아이의 집중력에 관심을 갖는 이유는 집중력이 두뇌 활동에 가장 중요한 기반이라고 생각하기 때문입니다. 이 생각은 전적으로 옳습니다. 집중해야 뇌기능이 개발되고, 집중할수록 뇌기능이 더 강화됩니다. 운동할 때도 몸에 집중해서 계속 반복하면 근육이 만들어지는 것처럼, 뇌회로도 집중과 반복에 의해 형성됩니다.

집중이란 뇌의 전체 기능이 한 가지 정보처리에 집약된 상태입니다. 흔히 집중이라고 하면 책상 앞에 한 시간쯤은 꼼짝 않고 앉아 있는 것으로 생각하는데 이렇게 시야를 좁히는 집중은 작은 집중입니다. 이런 '긴장된 집중'은 오랜 시간 지속하기 어렵습니다. 책상에 오래 앉아 있는다 해도 생각은 다른 데 가 있기 십상입니다. 그래서 집중이 어떤 상태인지 다시 이해할 필요가 있습니다. 한 점에 집중하는 방식이나 한 번의 집중은 뇌에 큰 영향을 주지 못합니다.

뇌를 바짝 깨어나게 하는 집중은 주제가 있는 집중입니다. 주제를 중심으로 상황 전체에 대해 깨어 있는 집중은 시야가 넓게 트인 '이완된 집중'이어서 지속성이 있습니다. 이러한 집중에 의해 뇌는 통합 상태에 이를 수 있습니다.

주제가 있는 집중에서 중요한 것은 집중의 대상입니다. 만약 도박이 그 대상이라고 해도 뇌는 일단 엄청난 집중력을 발휘할 것입니다. 도박 외에는 어떤 정보도 그 사람의 뇌에 끼어들지 못합니다. 그러다 재산을 모두 날리고 가정이 파탄나서 다시는 하지 않겠다며 자기 손을 자르고도 또다시 도박판을 맴돕니다. 이것은 결국 집중이 아닙니다. 집착이고 중독입니다. 도박은 알코올이나 약물 중독처럼 뇌에 치명적인 변형을 일으키는 질병입니다. 집착과 중독은 대상의 노예가 되는 것이지만 집중은 대상을 능동적으로 이끌어 갑니다. 집착은 뇌를 위축시키고, 집중은 뇌를 활성화합니다.

삶의 목표가 있고 그것이 집중의 대상일 때 뇌는 가장 활발히 움직입니다. 뒤집어 말하면, 뇌를 개발하는 가장 효과적인 방법은 삶의 목표를 갖는 것입니다. 의지를 가장 강하게, 가장 지속적으로 낼 수 있게 하는 것이 그것이기 때문입니다.

집중하고 있을 때 뇌는 에너지를 매우 많이 소모하면서도 아주 안정된 상태를 유지합니다. 그래서 집중해서 일하고 나면 몸은 좀 지치지만 기분은 오히려 가뿐합니다. 이러한 집중이 꾸준히 지속될 때 뇌에 통합 현상이 일어납니다. 통합 현상이 일어나는 과정이나 결과를 아직까지는 과학적으로 설명할 수 없습니다. 하지만 과학의 언어로 설명할 수 없다고 해서 그런 현상이 없는 것은 아닙니다. 자동차가 기어를 올리는 순간 발진하듯이, 뇌가 통합되면서 원시정보가 번쩍하고 나오는 순간이 있습니다. 이런 원리를 알면 자기 개발을 위해 더 능동적으로 뇌를 활용할 수 있을 것입니다.

뇌통합을 이끌어 내는 핵심은 집중입니다. 호흡과 몸에 집중하는 명상을 꾸준히 하는 것은 집중하는 힘을 기르는 데 매우 도움이 됩니다. 집중을 반복하는 것 자체가 집중력을 키우는 방법입니다. 그리고 집중하는 힘이 클수록 뇌 통합은 더 잘 이루어집니다.

어떻게 하면 뇌를 잘 쓸 수 있을까

긍정적인 정보로 뇌를 설득하라

'인간은 자기 뇌의 10%도 채 사용하지 못한다, 천재 과학자 아인슈타인도 15% 정도 뇌를 쓴 것이다' 하는 이야기를 들은 적이 있을 것입니다. 우리가 뇌의 몇 퍼센트를 쓰고 있는가 하는 문제는 19세기에 한 심리학자가 처음 제기했습니다. 그는 '보통 사람은 뇌의 10%를 사용하는데, 천재는 15~20%를 사용한다' 고 주장했습니다. 이후 10%를 6%로 수정하는 견해가 나오고, 1990년대에는 1%, 최근에는 0.1%라는 연구 보고까지 나와 있습니다. 그런가하면 '뇌는 이미 100% 사용되고 있다. 다만 어떻게 사용되고 있는지 모를 뿐이다' 라는 견해를 가진 과학자들도 있습니다.

학자마다 주장하는 내용에 차이가 있지만, 뇌에는 우리가 알고 있는 것보다 훨씬 막대한 기능이 잠재되어 있다는 데는 이견이 없어 보입니다. 우리가 알고 있는 것만 해도 인간의 뇌는 세계 최대의 슈퍼컴퓨터보다 성능이 수천 억 배 뛰어납니다. 그런데 다시 이것의 열 배, 백 배 이상의 기능이 숨어 있다니 뇌를 정말 잘 써야 하지 않겠습니까?

나는 오래 전부터 뇌에 관심을 갖고 연구를 해왔습니다. 뇌에 관심을 가진 첫째 이유는 나에게 뇌가 있기 때문입니다. 그리고 내가 그다지 건강하고 행복하고 평화롭지 않았던 것이 둘째 이유입니다. 더 건강하고 행복하고 평화로우려면 어떻게 해야 할지 스스로 물었습니다. 원인도 해결책도 바깥에 있지 않은 법이니 내 안에서 답을 찾아야 했고, 그 답이 뇌였습니다.

좋은 관계를 맺고 싶은 사람에게 관심을 갖듯, 뇌에 관심을 기울였습니다. 자신의 뇌를 이해하기 위해 과학자나 의사만큼 알아야 할 필요는 없습니다. 위나 간의 생김새, 위치, 기능에 관해 대체로 알고 있듯, 뇌에 대해서도 그 정도의 이해를 갖추면 됩니다. 그와 함께 자신의 뇌를 관찰하고 느끼는 감각을 살려야 합니다. 이것이 중요합니다. 뇌를 관찰하고 느끼는 것은 자기 성찰과 다르지 않습니다. 내 머리 속에 있다고 해서 내 것이 아니고, 내가 느끼고 관리해야 진짜 내 것이 됩니다. 자신의 뇌에 대해 스스로 매니저가 되십시오. 뇌를 운영하는 감각을 가지면 운명에 발목을 잡히지 않습니다. 성공하는 체질, 복 받는 체질도 뇌를 어떻게 운영하는가에 달렸습니다.

'어떻게 살고 있는가' 는 '뇌를 어떻게 쓰고 있는가' 와 같은 물음입니다. 잘 살고 싶은 만큼 뇌를 잘 써야 할 것입니다. 어떻게 하면 뇌를 잘 쓸 수 있을까요? 뇌를 잘 쓰기 위한 첫 번째 기준은 뇌에 긍정적 정보를 주는가, 부정적 정보를 주는가입니다. 자신의 습관을 관찰해 보십시오. 무의식적 선택이 주로 긍정적인 쪽인지, 부정적인 쪽인지. 만약 평소에 부정적인 말을 많이 하는 언어 습관을 가졌다면 그 사람의 뇌에는 정보처리를 부정적으로 하는 뇌회로가 형성되어 있는 것입니다. 이

회로는 피해의식을 강화하고 도전의식을 차단합니다. 이를 수정하는 가장 좋은 방법은 긍정적인 말을 의식적으로 많이 하는 것입니다. 유아기에 말을 배우는 과정을 살펴보면 뇌가 긍정과 부정에 어떻게 반응하는지 알 수 있습니다. 어린아이가 처음 배우는 말은 긍정문입니다. 긍정문에 익숙해지면 차츰 거부의사를 담은 부정문을 구사하는데, 부정의 방식은 '안 해', '안 먹어', '안 그래'처럼 긍정 앞에 무조건 '안'을 붙이는 식입니다. 뇌에게는 긍정의 상태가 자연스럽습니다. "얼룩말을 생각하지 마"라는 말을 들으면 일단 얼룩말을 떠올린 다음 그 위에 가위표를 치는 것이 뇌의 방식입니다. 뇌의 바탕은 긍정이지만, 긍정의 바탕에 부정적 감정 경험이 쌓이면서 부정을 학습하게 됩니다.

긍정적인 생각은 플러스 정보로 작용합니다. 자동차에 전진기어를 넣는 것과 같습니다. 반대로 부정적인 생각은 마이너스 정보로, 후진기어를 넣는 것과 같습니다. 후진기어 상태로 자동차를 계속 운전한다고 상상해 보십시오. 얼마나 불편하고 피곤하겠습니까?

뇌는 긍정의 상태를 더 자연스럽게 받아들이기 때문에 부정적인 습관이 강하게 자리 잡고 있다 하더라도 노력하면 반드시 긍정적으로 변화합니다. 긍정의 절정은 칭찬입니다. 자기 자신을 스스로 칭찬해 주십시오. 학교에서 직장에서 집에서 잘한다는 소리 못 듣는다고 기죽지 말고, 내가 나를 먼저 칭찬해 주는 겁니다. 기가 죽으면 뇌가 위축됩니다. 칭찬할 일이 없는 것 같아도 자꾸 칭찬을 하다보면 점점 더 칭찬 거리가 많이 떠오를 것입니다. 자기 자신에 대한 칭찬은 자신을 인정하고 자신감을 키우는 일입니다.

주위사람들에게도 칭찬의 말을 아낌없이 건네십시오. 진심으로 칭찬하면 그 말을 듣는 사람보다 하는 사람의 뇌가 더 좋아합니다. 언어 습관과 생활 방식은 서로 같은 노선을 달립니다. 좋은 언어 습관이 삶을 더 풍요롭게 이끕니다.

뇌를 잘 쓰기 위한 두 번째 기준은 뇌를 설득할 수 있는가 없는가입니다. 최근에 나온 한 건강서에서, 90살에도 팔팔하게 사는 비법은 뇌를 속이는 것이라는 대목에 아주 공감했습니다. 뇌를 속이면 노화 프로그램을 깰 수 있고, 따라서 활력 있고 건강한 노년을 보낼 수 있다는 주장입니다. 뇌를 속인다는 것은 뇌를 설득하는 것입니다. 뇌에 입력된 정보를 바꾸고, 뇌의 습관을 바꾸는 것입니다. 노년에 들어서면서 '이제 죽을 준비를 해야겠구나' 하고 생각하면 뇌는 당연하다는 듯 노화 과정을 착착 밟아갑니다. 그러나 '인생은 60부터야' 하면서 운동으로 체력을 관리하고 생활 습관도 조절하면 뇌도 그에 따라 노화 프로그램을 수정할 것입니다.

뇌를 속이는 방법 중의 하나가 웃음수련입니다. 웃을 일이 있어서 웃는 것이 아니라 그냥 웃음을 터뜨리는 수련입니다. 웃을 만한 일이 있어서 웃는 것은 누구나 합니다. 하지만 이것은 뇌를 적극적으로 활용하는 상태가 아닙니다. 웃을 일이 없어도 웃는 것, 이것이 뇌를 속이는 것이고 활용하는 것입니다. 뇌는 그냥 웃든지, 웃겨서 웃든지 상관않고 똑같이 반응합니다. 일단 웃다보면 기분이 좋아지고, 건강도 좋아지고, 진짜 웃을 일도 생깁니다.

명상도 뇌 속 정보를 바꾸는 수련입니다. 매일 일정 시간 명상을 한 사람들은 명상을 하지 않은 사람들보다 뇌의 대뇌피질이 더 두껍다는 사실을 뇌과학자들이 밝혀냈습니다. 이는 명상이 노화에 따른 뇌기능 저하를 늦출 수 있음을 입증하는 결과입니다. 대뇌피질은 생각하고 말하고 듣고 판단하는 기능을 처리하는 '이성의 중추'입니다. 그래서 노화와 함께 대뇌피질이 얇아지면 이성적인 기능이 떨어지게 됩니다. 하지만 명상을 꾸준히 하면 대뇌피질의 양이 늘어나 나이가 들어도 뇌기능을 유지할 수 있게 되는 것입니다.

뇌에 새로운 정보를 지속적으로 주면 뇌는 거기에 반드시 반응합니다. 이것이 뇌를 설득하는 방법입니다. 작은 설득부터 시도해 보십시오. 뇌는 설득을 경험해가고, 뇌의 주인은 성취를 체험해가는 과정이 중요합니다. 작은 설득과 성취를 통해 뇌는 점차 더 많은 기능을 개발하고 활용하게 될 것입니다.

기분 좋은 속임수, 웃음 명상

웃음 명상을 하는 방법은 간단합니다. 그냥 웃으면 됩니다. 자리에 앉거나 서서, 눈을 뜨거나 감고, 소리내어 '하하' 웃기 시작합니다. 싱겁게, 어색하게 시작한 웃음도 계속 웃다 보면 어깨가 들썩이고 배가 당길 만큼 웃음이 커집니다. 3분쯤 지나면 웃음을 멈출 수 없을 정도로 웃음 그 자체가 되어 온몸으로 웃습니다.

웃는 시간은 제한이 없습니다. 최대한 웃으십시오. 한 번에 5분 정도로 시작하면 좋습니다.

충분히 웃은 뒤, 서서히 웃음을 멈추고 편안한 자세로 앉습니다. 호흡을 고르며 몸의 상태를 느껴봅니다. 따뜻해진 아랫배, 활기차게 뛰는 심장, 시원해진 머리를 느낄 수 있을 것입니다.

침팬지도 간지럼 태우기를 좋아한다고 합니다. 하지만 인간의 웃음은 모든 생물체 중에서 거의 유일하게 발달한 기능입니다. 이는 웃음이 사회적 유대 관계를 형성하는 데 매우 중요한 기능임을 인간 스스로 확인함에 따라 진화 과정에서 웃음을 크게 발달시킨 것이라고 봅니다.

웃으면 몸에서 어떤 반응을 보이는지, 아래 웃음의 효과를 참조하십시오.

웃음의 효과

- 5분의 웃음은 3시간의 스트레칭 효과를 낸다.
- 15초간 박장대소하면 100m 달리기를 한 것과 같다.
- 크게 웃을 때 몸의 650여 개 근육 중 230개 이상의 근육이 움직이는 운동 효과가 있다. 특히 위장과 심장 같은 내장 운동 효과가 크다.
- 뇌에서 베타엔돌핀의 분비를 촉진시킨다. 베타엔돌핀은 기분을 좋게 하고 통증을 줄이는 작용을 한다.
- 면역력을 증가시킨다.
- 고혈압이나 스트레스성 질병이 호전 반응을 나타낸다.
- 동맥이 이완되어 혈액 순환이 잘 되고 혈압이 안정된다. 따라서 뇌졸중의 원인이 되는 순환계 질환이 예방된다.
- 혈액에 더 많은 산소가 공급된다.
- 스트레스 호르몬인 코티졸의 분비량이 줄어든다.
- 스트레스와 분노, 긴장이 완화되어 심장마비가 예방된다.

신념, 의지, 열정 같은 의식은 어떻게 만들어지나
두드리면 열린다

의식이란 인식 작용입니다. 느끼고 생각하는 모든 기능을 통틀어 '의식'이라고 합니다. 의식에는 누구나 감각적으로 자연스럽게 갖게 되는 공통된 의식이 있고, 사람에 따라 큰 차이를 나타내는 정신적 자질이 있습니다. 신념, 의지, 열정 같은 것이 정신적 자질에 해당합니다.

신념, 의지, 열정의 정도는 사람마다 다르고, 그 정도에 따라 그 사람의 생산성과 창조성이 결정됩니다. 무엇이 이런 차이를 만드는 것일까요? 그것은 '원하는 것'이 있는가 없는가에서 비롯된 차이입니다. 신념과 의지와 열정은 '원하는 것'이 있을 때 고개를 들고 자라기 시작합니다. '구하라, 그러면 주실 것이요. 찾으라, 그러면 찾을 것이요. 문을 두드리라, 그러면 열릴 것이다' 하신 예수님 말씀은 곧 뇌의 작용 원리이기도 합니다. 원하는 것이 없으면 신념과 의지와 열정의 씨앗은 싹을 틔우지 않습니다.

뇌에 '원하는 것'이라는 정보를 넣으면 뇌가 그 메시지에 따라 '원하는 것'을 이루기 위해 잠자고 있던 신념과 의지와 열정의 시스템을 깨워서 가동시킵니다. 그런데 '원하는 것' 보다 더 중요한 문제가 있습니다. 어떤 것을 원하는가 하는 것입니다. 만약 복권을 사놓고 당첨을 원한다는 메시지를 뇌에게 준다면 뇌는 안타깝지만 뒷짐 지고 있을 수밖에 없습니다. 복권 당첨을 위해 뇌가 할 수 있는 일이 없기 때문입니다. 건강을 원한다는 메시지를 넣는다면 뇌는 운동을 시작하고 식습관을 바꿀 의지와 열정을 낼 것입니다.

어떤 경우에는 자기가 바란 적이 없는데도 우연처럼 일이 잘 풀려나가기도 합니다. 이는 세 가지 경우 중 하나입니다. 자기도 모르게 언젠가 뜻을 품었던 것이거나, 행운이거나, 횡재입니다. 일단 횡재는 아무런 가치가 없습니다. 자기가 바라지도 않은 일이 일어났는데 그것이 무슨 가치가 있겠습니까. 행운은 별 노력 없이 일이 잘 된 경우입니다. 그렇다면 감사한 마음으로 더 노력을 해야 할 것입니다. 가장 가치 있고 기쁜 것은 자신이 원하는 것을 애써 이뤘을 때입니다. 이 때 뇌의 쾌감중추가 가장 크게 자극됩니다.

자신이 정말 원하는 것이 무엇인지, 무엇을 바라야 할지 모르는 경우가 있습니다. 그러나 자신이 원하는 것이 무엇인지 모르겠다는 사람도 그것을 찾겠다는 생각이 있으면 언젠가는 발견할 수 있습니다. 원하는 것이 사실은 자기 안에 이미 있기 때문에 그것이 어떤 체험이나 교육이나 만남 등을 통해 드러나게 되는 것입니다.

원하는 것을 발견했을 때 사람들은 삶의 의미를 찾았다고 느낍니다.

그리고 삶에 변화가 일어나기 시작합니다. 꿈을 이루기 위해 신념과 의지와 열정을 발휘하는 삶을 사는 것입니다. 이것이 인생의 발견이고 발명입니다.

원하는 것을 찾으셨습니까? 아직 아니라면, 원하는 것을 찾고 싶다고 뇌에게 이야기해 주십시오. 뇌가 그 말에 즉시 귀를 기울일 것입니다.

창조성을 개발하는 것이 가능할까

매일 발견하고 발명하라

창조도 인간이 가진 욕구 중 하나입니다. 창조성을 통해 인간은 자신의 존재 가치를 확인합니다. 식욕, 성욕, 물욕이 충족돼도 창조성이 죽어 있는 사람은 내면의 만족을 느끼지 못하고 공허함에 빠집니다. 창조성이 억압되거나 무시되거나 잠자고 있을 때 공허함을 느끼는 이유는 창조성이 인간 정신의 가장 큰 부분이기 때문입니다.

창조성은 타고난 본성입니다. 누구나 가진 재능입니다. 그러나 모든 사람이 창조성을 즐기고 있는 것 같지는 않습니다. 특정한 인물의 창조적 재능에 감탄하면서 자신은 창조성이 부족한 사람이라고 생각하는 사람이 더 많아 보입니다. 하지만 창조성이 없는 뇌는 하나도 없습니다. 창조 기능이 무시되거나 잠자거나 억압되어 있을 뿐입니다. 왜 그렇게 되었을까요? 그 이유를 알아야 창조성을 인정하고 깨워서 자유롭게 쓸 수 있을 것입니다.

창조성의 열쇠는 '의지'입니다. 기질이나 지식에서 창조성이 나오는 것이 아닙니다. 의지가 제일 중요합니다. 기질이나 지식은 의지 다음에 영향을 미치는 주변요인입니다. 의지가 있으면 뇌가 방법을 찾게되어 있습니다. 방법을 찾는 과정이 창조성을 발휘하는 순간입니다.

찾아낸 방법은 창조의 결과물입니다. 창조의 결과물이 크든 작든, 창조의 에너지를 쓴 뇌는 충만한 성취감과 만족을 느낍니다.

창조의 엔진에 시동이 걸려 있습니까? 시동이 꺼져 있다면 의지를 내지 않은 것입니다. 의지를 내는 순간 시동이 걸립니다. 창조의 결과물이 나오기까지 과정이 얼마나 걸릴지, 어떤 결과물이 나올지는 알 수 없습니다. 중요한 것은 창조의 엔진이 꺼지지 않도록 의지를 접지 않는 것입니다. 포기하는 순간 창조성도 멈춰버리기 때문입니다.

내가 기억하는 내 인생 최초의 창조는 대입 삼수시절에 일어났습니다. 고역스러운 공부 대신 태권도와 합기도에 열중해 있던 때인데, 어느 날 운동하고 오다가 동네 한 켠에 오래 전부터 쌓여 있던 커다란 쓰레기더미를 보고는 내가 치워야겠다는 생각을 했습니다. 다음날부터 지게를 지고 쓰레기를 퍼 나르다가 이번에는 '언덕배기에 쓰레기를 거름 삼아 묻고 호박을 심자'는 생각이 났습니다. 이후 쓰레기를 모두 치우는 데는 한 달 가까이 걸렸고, 호박 넝쿨은 온 언덕을 뒤덮어 한 계절 내내 동네 돼지들까지 호박으로 배를 불릴 만큼 잘 자랐습니다. 그냥 이걸 한번 해보자 하는 생각으로 다른 사람들의 시선을 의식하지 않고 끝까지 해나갔던 것인데, 예기치 않게 자신감이 살아나고 가슴을 꽉 채우는 만족을 느낄 수 있었습니다. 자신감과 긍지가 생기자 이번에는 공부를 해야겠다는 생각이 들었고, 다음해 대학에 들어갔습니다. 당시 쓰레기를 치우고 호박 농사를 지으면서 느꼈던 만족감이 창조의 기쁨이었음을 훗날 알았습니다.

창조란 인생에서의 발견이고 발명입니다. 작은 발견, 사소해 보이는 발명이라도 그 자체로 온전한 창조입니다. 위대한 발견과 발명도 작고 사소한 출발에서 비롯됩니다. 자신이 매일 무엇을 발견하고 발명하는지 '창조일기'를 써보십시오. 오늘 누군가를 처음 만났다면 그것은 오늘의 발견입니다. 늘 보는 동료이지만 오늘 새로운 점을 느꼈다면 그것도 오늘의 발견입니다. 그 사람과 일을 어떻게 협력해 나갈 것인지 연구하는 것은 오늘의 발명입니다. 발견과 발명이 특별한 것이 아닙니다. 창조는 특별한 자질을 가진 사람만 하는 것이 아닙니다. 창조일기를 통해 발견과 발명이 습관이 되게 하십시오. 자신의 발견과 발명을 계속 기록하다 보면 마침내 성공적인 인생을 발명하는 사람이 될 것입니다.

평범한 것을 위대한 것으로 만드는 비법이 있습니다. 끝까지 하는 것입니다. 평범하게 시작한 어떤 일을 일 년하고 십 년하고 평생토록 하면 그것은 이미 평범할 수 없는 위대한 일이 됩니다. 처음부터 위대한 일을 하려고 하면 시작하기도 어렵고, 시작했다가 포기하기도 쉽습니다. 누구나 위대한 정신이 깃든 뇌를 갖고 있지만 정말 위대한 일을 하기 위해서는 그 일을 꾸준히 반복해야 합니다. 이것은 창조성을 눌러두라는 말이 아닙니다. 포기하지 않아야 한다는 뜻입니다. 포기하지 않고 계속 하기 위해 필요한 것이 꿈입니다. 꿈을 이루려는 의지가 위대한 발명을 이끌어 냅니다.

신은 어디에 있는가

모를 때는 '신'이고, 알면 '법칙'이다

많은 신들이 있습니다. 신이 많은 것은 인간이 모르는 것이 그만큼 많다는 이야기입니다. 비와 천둥과 바다의 실체를 알지 못했을 때 인간은 거기에 신이 있다고 생각했습니다. 그러나 비가 오는 법칙, 천둥이 치는 법칙, 파도가 이는 법칙을 알게 되자 더 이상 그런 현상에 신의 이름을 붙이지 않았습니다. 실상을 모를 때는 신이다가, 알면 법칙이 되는 것입니다. 인간이 우주의 실상을 다 깨우치면 모든 신이 법칙으로 바뀌거나, 하나의 신으로 통일되어 불릴 것입니다.

신을 한자로 보통 神(귀신 신)이라고 씁니다. 그런데 神자 이전에 하느님 신禮이라는 한자가 있었습니다. 지금은 거의 쓰이지 않는 하느님 신을 귀신 신과 비교해 보면 신에 대한 개념에 큰 차이가 있음을 알게 됩니다.

귀신 신은 '示(보다)' '日(태양)' 'ㅣ(자르다)'의 조합 속에 신의 의미를 담았는데, 태양을 가르는 형상의 이 글자는 옛 문헌에서 잡신을 표현할 때 쓰였습니다.

하느님 신은 '示(보다)' '人(사람)' '日(태양-양-하늘)' '月(달-음-땅)' 'ㅡ(하나)'의 조합으로 신을 표현했습니다. 사람과 하늘과 땅이 하나가 될 때 보인다, 알게 된다는 의미로 조화의 이치를 담은 글자입니다.

귀신 신은 시기하고 질투하고 분노하고 벌하고 축복하고 사랑을 주는 인격화한 신입니다. 그러나 하느님 신은 인간의 운명에 관여해 복 주고 상 주고 벌하는 신이 아니라, 우주를 관장하는 하나의 큰 법칙입니다.

우리 고유의 신은 귀신 신神이 아닌 하느님 신禮이었습니다. 인격화한 특정 대상으로서의 신이 아니라 우주의 근본 이치, 운행 질서를 지칭하는 원리와 법칙이었던 것입니다. 신에 대해 어떻게 인식하는가는 삶의 태도에 매우 큰 영향을 미칩니다.

신은 현재 인간의 삶에 어떻게 기능하고 있습니까? 인류의 건강과 행복과 평화에 어떤 영향을 미치고 있습니까? 정치도 종교도 사상도, 그리고 신도 인간의 건강과 행복과 평화를 위해 기능할 때 존재 가치가 있습니다. 자신이 갖고 있는 신에 대한 개념이 자신의 삶에 어떤 기능을 하고 있습니까? 자신이 알고 있는 신은 귀신 신입니까, 하느님 신입니까?

귀신 신도 쓸 데가 있습니다. 자기가 목표를 정하고 의지를 냈는데 도중에 너무 힘들어서 포기하고 싶을 때 '난 의지가 약해서 안 돼' 라고 하지 말고 '나한테 지금 귀신이 붙었구나' 하고 생각하는 겁니다. 나는 하려고 하는데 귀신이 막는 거라고 정보처리를 하면 '그럼 귀신을 몰아내자' 하고 힘을 다시 낼 수 있지 않겠습니까. 자기 자신이 문제라고 의기소침해 있으면 힘이 빠집니다. 자책에 빠져 괴로워하거나 아예 포기하는 것보다는 귀신을 탓하는 편이 낫다는 이야기입니다. 귀신이란 '나쁜 정보'입니다. 나쁜 정보를 담은 기가 귀신입니다. 귀신을 몰아낸다는 것은 나쁜 정보를 털어버리는 것입니다.

그러나 귀신만 탓할 수는 없습니다. 네 잘못이라는 소리를 들은 귀신은 억울해 하며 이렇게 자신을 변호할지 모릅니다. '나만 문제가 있는 게 아니다. 네가 좋다고 했기 때문에 어울렸지, 나 혼자 덤빈 게 아니다.'

그래서 우선 자신이 귀신을 불러들인 것을 인정한 다음, 귀신에게 '너하고 놀 만큼 놀았다. 그러니 이제 내게서 떠나 너 좋은 곳으로 가거라' 하면서 설득을 해야 합니다.

귀신은 내가 포기하려고 하는 순간에 들어옵니다. 주인이 정신없는 틈을 타서 슬쩍 자리를 차지하는 것입니다. 자포자기 상태가 계속 되면 아예 귀신이 주인자리를 꿰찹니다. 부정적인 생각, 포기하고 싶은 마음이 들 때 '이것은 귀신의 소리야' 하면서 얼른 주인 자리로 돌아가십시오. 그리고 다시 당당한 주인의 자세로 정보를 선택하면 됩니다.

하느님도 귀신도 내가 가만히 있으면 나를 어쩌지 못합니다. 내가 의지가 없으면 하느님도 나를 깨우칠 수 없고, 내가 의지를 지키면 귀신도 나를 넘볼 수 없습니다. 내 마음 속의 신이 하느님 신이냐, 귀신 신이냐 하는 것은 나의 선택입니다.

깨달음은 어떤 상태인가

왜 깨닫고자 하는가

이전에 〈힐링 소사이어티〉라는 책을 쓰면서 그 책에 '깨달음만이 희망이다' 라고 부제를 붙였습니다. 사람들이 깨달음에 대해 갖고 있는 관심과 호기심과 환상이 현실에서 희망의 힘으로 전환되기를 바라며 쓴 책입니다. 사람들은 깨달음에 관해 내게 늘 질문을 해옵니다. 깨달음이 무엇인가, 깨달았다는 것을 어떻게 아는가, 당신은 깨달은 사람인가, 깨달으려면 어떻게 해야 하나 등의 내용인데, 이런 질문을 받으면 그 사람에게 되묻습니다. "무엇하려고 깨달으려 하십니까?"

먼저 이 질문에 답할 준비가 돼 있어야 깨달음에 관해 대화하는 것이 의미가 있습니다. 물건 하나를 살 때도 그것이 내게 꼭 필요한지 먼저 판단을 해야 하듯, 생사해탈이 걸린 깨달음의 문제인데 이를 얻어 뭘 하려고 하는 것인지 마땅히 생각이 있어야 하지 않겠습니까. 소유욕, 지배욕, 인정의 욕구, 안정의 욕구, 명예욕, 재물욕을 충족시키는데 깨달음은 아무런 도움이 되지 않습니다. 깨달은 다음 현상계를 초월해 우주의 다른 차원으로 가는 꿈을 갖고 있다면, 그것은 굳이 깨닫지 않아도 가능합니다. 죽으면 경험할 일이기 때문입니다.

깨달음이란 모든 존재와 관계에 대한 자각이고, 아는 것을 행하는 힘입니다. 그 힘으로 할 일이란 세상을 더 건강하고 행복하고 평화롭게 하는 것입니다. 깨달은 사람이란 이 일에 올인하는 사람입니다.

사실은 누구나 이런 일을 하기를 원합니다. 건강과 행복과 평화를 이루려는 소망이 뇌에 기본적으로 입력되어 있기 때문에 누구나 깨달을 수 있고, 누구나 깨달아야 합니다.

깨달음의 원시정보는 진실한 마음을 가질 때 드러납니다. 지적 호기심으로는 만날 수 없습니다. 그래서 깨달음에 관한 대화는 의미가 없는 것입니다. 깨달음은 궁극적인 앎입니다. 눈에 보이는 세계가 있고 현미경이나 망원경으로만 보이는 세계가 있는데, 보이는 것만이 아니라 보이지 않는 것까지 두루 살피고 활용하는 것이 깨달음입니다.

깨닫기 위해 죽음을 무릅쓰고 수행에 전념하던 시절, 아주 강한 각성 상태에서 다차원의 세계를 체험했습니다. 거리, 속도, 크기의 개념을 적용할 수 없는 새로운 차원들이 수없이 일어나는 파도처럼 밀려다녔습니다. 새로운 차원들은 이 세상에 겹쳐져서 함께 흐르고 있었습니다. 이후에 다차원 우주를 설명하는 물리학 이론이 있음을 알고 반가운 마음으로 그것을 보았습니다. 각성 상태에서 뇌는 실제로 변화합니다. 뇌가 통합되면서 뇌에 감각적, 물리적 변화가 일어나고, 이에 따라 보고 듣고 판단하는 것이 달라집니다.

어떻게 이런 일이 가능한가? 뇌를 재편하는 회오리가 어떻게 해서 일어나는가? 회오리의 시작은 하나의 의문에서 비롯됩니다. '나는 누구인가?'

이 질문이 뇌를 움직입니다. 어떤 동물도, 어떤 컴퓨터도 자기 존재에 대해 의문을 품지 않습니다. 오로지 사람만 '나는 누구인가' 하는 자문을 던집니다. 이 강렬한 질문에 뇌는 우선 단편적인 답들을 검색해 나갑니다. 답이 나오지 않습니다. 얼마 뒤, '분석' 하는 방법으로는 답을 찾을 수 없다는 것을 뇌가 알게 됩니다. 뇌는 좀더 집중해 다른 방법을 찾습니다. 시간이 가고, 질문은 계속되고, 뇌는 세포 하나하나를 모두 동원해 답을 구합니다. 머리에 열이 오르기 시작합니다. 이즈음 되면 '골치가 아프다' 며 더 이상 질문하기를 멈추는 경우가 많습니다. 그러면 뇌도 그것으로 '찾기' 를 끝냅니다. 나도 극심한 두통을 겪었습니다. 21일 간 잠자는 것도 먹는 것도 잊은 채 계속 내가 누구인가만 생각하니 뇌가 엄청난 스트레스에 몰려 거의 폭발할 지경이었습니다. 그런데 얼마 후 실제로 머릿속에서 폭발음이 들렸습니다. 죽는 가보다 하는 순간이었는데 눈앞이 환해지고 모든 것이 새롭게 보이기 시작했습니다.

이렇게 뇌를 극한의 상태로 몰아가는 것은 뇌통합을 위한 유일한 방법도, 권할 만한 방법도 아닙니다. 가장 중요한 핵심은 질문을 멈추지 않는 것입니다. 그러면 뇌는 어쩔 수 없이 방법을 계속 찾아나가고, 분석으로 안 되니까 마침내 통합하는 방법을 스스로 선택하게 됩니다.

'나는 누구인가' 하는 의문은 나비효과의 첫 날갯짓에 해당합니다. 날갯짓이 계속 되면 뇌 속에 태풍이 일어나 이전의 정보들을 휩쓸고 지나갑니다. 그리고 새로운 복구 작업이 이루어집니다.

영적 체험과 뇌의 상태를 측정한 실험이 있습니다. 피험자들의 특정 뇌 부위에 약한 전자기를 흘려보내고 그에 따라 어떤 반응이 나타나는지를 관찰하는 실험이었는데, 피험자들은 전기자극이 주어지는 순간 자신에게 영적 체험이 일어났다고 진술했습니다. 과학이 더 발달해 '깨닫게 하는 기계'가 개발될 수도 있을 것입니다. 뇌의 어느 지점에 물리적인 전기자극을 가해 각성 상태에 이르게 하는 것은 상상 가능한 일입니다. 그런 기계를 이용해 각성 상태에 이르는 것이 도덕적으로 문제 있다고 보지도 않습니다. 문제는 다른 데 있습니다. 각성 효과가 지속되지 못할 것이라는 점입니다. 자극으로 일시적 각성 상태를 유도할 수 있다 해도 뇌통합을 통한 각성이 아니기 때문에 습관에 따라 이전 상태로 돌아가게 될 것입니다. '깨닫게 하는 기계'가 마약보다 안전하다고 해도 수동적 각성이 갖는 한계에서는 크게 다르지 않을 것이라고 봅니다.

각성이 그렇게 중요한가, 각성 없이 살면 안 되나 하는 생각을 하는 사람도 있을 것입니다. 하지만 이것은 자기의 본래 생각이 아닙니다. 각성되지 않은 상태에서의 생각이고, 통합뇌가 아닌 부분뇌로 판단한 생각일 뿐입니다. 온통 오감을 자극하고 집착을 부추기는 정보들 속에서 그것이 당연한 것인 양 생각하게 된 것입니다. 각성 없는 삶이란 나라고 착각한 나에게 집착해 욕망의 노예로 살다 가는 인생입니다. 각성은 나라고 믿어온 정체성으로부터 자유로워지게 합니다. 미망이 아닌 각성이 우리의 자연스러운 모습입니다. 이를 아는 것이 깨달음입니다.

왜 누구나 행복을 원할까

행복을 창조하는 법

"당신은 어떤 삶을 원합니까"라는 질문에 누구나 "행복한 삶을 살고 싶다"고 답할 것입니다. 그렇다면 행복이 무엇인가에 대한 생각도 같을까요? 아마 그럴 것입니다. 인간이 행복을 느끼는 조건에 큰 차이가 있지 않을 테니까요.

그러나 행복하기 위해서 어떻게 하는가 하는 질문에는 저마다 다른 답을 할 것입니다. 개중에는 이 문제에 대해 처음으로 생각해 보는 사람도 적지 않을 것입니다. 자기가 의식하지 못하는 사이에 '행복을 기다리는 습관'을 갖게 된 경우입니다. 행복해지는 데 필요한 조건들을 정해 놓고, 그것들이 충족돼야 행복할 수 있다고 믿으면서 대부분의 시간을 행복을 유보한 채 보냅니다. 그리고 조건들이 충족되지 않는 상태가 지속되면 불행하다고 느낍니다.

그냥 행복하면 안 될까요? 이유 없이 웃을 수 있는 것처럼, 행복의 조건과 상관없이 행복할 수는 없을까요? 이를 우리의 관념에게 물으면 '그럴 수 없다'고 하겠지만, 뇌에게 물으면 '물론 가능해'라고 답할 것입니다. 행복이란 뇌의 느낌이기 때문에 뇌가 행복한 느낌을 갖도록 하면 되는 것입니다.

어떻게 행복을 창조할 수 있는가? 많은 방법이 있을 수 있지만 세 가지로 정리하겠습니다.

첫째는 명상입니다. 이는 자기 안에서 행복을 찾는 방법입니다. 원리는 이렇습니다. 편안하게 이완하고 집중하면 뇌가 본연의 상태를 회복합니다. 뇌가 본연의 상태가 된다는 것은 뇌내 신경전달물질들의 분비가 안정되고, 특히 세로토닌같이 평화롭고 충만한 느낌을 주는 물질이 잘 분비되는 상태입니다. 그래서 명상을 하면 생각이 멈추면서 행복한 느낌을 갖게 됩니다. 외부의 조건과 관계없이 자신의 내부에서 행복을 창조하는 것입니다.

어떤 일로 힘든 상황에 처했을 때 어떻게 합니까? 다른 사람의 위로와 격려를 받는 것도 좋지만, 스스로 어떻게 해주는가가 더 중요합니다. 자신에게 관심을 기울일 사람이 주변에 아무도 없다 해도 스스로 자기 자신을 위로하고 격려해 줄 수 있어야 합니다. 다른 사람은 나를 24시간 격려해 줄 수 없지만, 나는 나에게 24시간 힘을 줄 수 있습니다. 남이 해주든 내가 하든 뇌에서 일어나는 효과에는 별 차이가 없습니다. 오히려 스스로 하는 편이 두뇌의 힘을 키우는 데 더 도움이 됩니다.

명상이 행복을 창조하는 원리는 집중입니다. 그렇다면 행복을 지속하는 원리 또한 마찬가지 아니겠습니까? 무엇엔가 완전히 몰두하는 것. 자기가 온 힘을 다해 이루고자 하는 목표가 있을 때 인간은 가장 행복해 합니다. 그 이유가 바로 뇌의 생리에 있었습니다.

둘째는 관계 맺기입니다. 이는 관계 속에서 행복을 찾는 방법입니다. 한 사람을 대상으로 실험을 했습니다. 행복을 창조하는 방법에 관한 실험이었습니다. 실험의 주인공은 평소에 얼굴 표정이 늘 긴장돼 있었습니다. 습관성 긴장 탓에 그 사람의 위장은 자주 통증을 일으켰고, 일에 대한 열정도 줄어 자신이 행복하다고 느끼지 못하고 있었습니다. 주변 사람들과 잘 어울리지 않고 늘 혼자 있는 그에게 물었습니다. "행복하고 싶지 않은가?" 물론 그는 즉시 "행복을 원한다"고 답했습니다. 그래서 그와 약속을 했습니다. 하루에 세 가지 좋은 일을 하기로. 좋은 일이란 다른 사람을 돕거나 즐거움을 주는 일이어야 했습니다. 그는 스스로 '항상 웃으며 인사하기', '궂은 일 먼저 하기' 같은 원칙을 몇 가지 정하고 그것을 매일 실천했습니다. 자신이 선배라는 생각에서 비롯된 습관을 버리고 누구에게든 먼저 인사하고, 다른 팀의 일이 바빠 보이면 가서 거들고, 외부에 나갈 때면 "심부름 시킬 사람 없습니까?" 하는 말을 잊지 않았습니다. 그렇게 몇 달이 지나자 그는 동료들 사이에 인기 있는 사람이 되어 있었습니다.

그가 말했습니다. "행복해지는 것이 이렇게 간단한 일인 줄 몰랐습니다. 처음에는 약속한 원칙을 지키기 위해 억지로 웃었는데, 웃다보니까 진짜 웃을 일이 생겼습니다." 실험 결과는 성공적이었습니다.

행복을 창조하는 방법은 스스로 행복한 환경을 만드는 것인데, 환경의 핵심은 '관계'입니다. 사람과의 관계, 조직과의 관계, 자연과의 관계에서 자신이 먼저 마음을 열고 행동함으로써 행복한 관계를 맺을 수 있습니다.

셋째는 선택하는 습관입니다. 선택에도 습관이 작용합니다. 습관적으로 어떤 정보를 선택하는지, 어떻게 정보처리를 하는지 자신의 방식을 보십시오. 행복에 도움이 되는 정보를 선택하고 있습니까? 행복을 선택하는 습관을 통해 행복을 얻을 수 있습니다. 내면에서 일어나는 선한 늑대와 악한 늑대의 싸움에 대해 앞에서 예를 들었습니다. 이 싸움에서 이기는 늑대는 내가 먹이를 준 늑대라는 얘기였습니다. 선과 악, 긍정과 부정, 행복과 불행은 늘 공존합니다. 어느 쪽도 절대적이지 않습니다. 나의 선택이 있을 뿐입니다.

좋지 않은 상황에 있는 한 사람이 정보 선택과 처리를 어떻게 하는지 보겠습니다. "지금은 힘들지만 일 년 후에는 잘 될 거야. 그러면 그땐 행복하겠지. 그렇다면 행복을 가불해서 지금부터 행복할래" 하고 작정한 그 사람은 얼굴에 웃음을 띠고, 좋아하는 음악을 들으면서 기분을 바꿉니다. 현실은 그대로이지만 부정적인 정보를 씻어내고 긍정적인 정보를 선택하면 뇌가 다시 힘을 내게 됩니다. 그리고 정말 일 년 뒤에는 지금보다 나은 상황을 맞게 될 것입니다. 행복을 창조하는 선택이란 이런 것입니다.

행복하려는 욕구는 식욕이나 성욕처럼 모든 인간이 가지고 있는 열망입니다. 왜 인간은 이런 까다로운 욕구를 품게 됐을까요? 행복은 몸에 일차적으로 필요한 요건이 아니므로 식욕이나 성욕 같은 욕구와는 차이가 있습니다. 행복을 느끼는 데도 쾌감중추가 작용하지만 식욕이나 성욕처럼 자극과 반응이 일률적으로 일어나지 않습니다. 행복감은 매우 주관적으로 작용합니다.

행복감이 없다고 해도 뇌기능에 당장 문제가 생기지는 않습니다. 하지만 결핍상태가 계속되면 영양결핍이 몸을 약하게 하듯 행복감의 결핍은 뇌기능을 약화시킬 수 있습니다. 행복은 뇌의 욕구이고, 원시정보의 욕구입니다.

원시정보에서 나오는 행복의 욕구는 충족의 수준이 아주 높은 단계까지 이어집니다. 건강한 몸, 단란한 가정을 꾸리는 행복에서부터 사회의 건강, 인류의 안위, 지구 환경 등 전체의 행복을 추구하는 단계까지, 인간은 행복을 원하고 또 원합니다. 자신의 행복이 전체의 행복과 연결되어 있음을 알기 때문입니다. 그래서 다른 사람을 도우려 하고, 도움을 주었을 때 행복감을 얻습니다.

뇌 속에 이 모든 것이 있습니다. 건강하고 행복하고 평화로운 삶을 이루기 위한 모든 질문과 답이 뇌에 있습니다. 이제 그것을 알고 잘 활용하면 됩니다.

뇌과학과
뇌교육의 만남,
통합을
위하여

이승헌 원장과 신희섭 박사의 대담

이승헌 _ 아직 지구에는 인류정신이라는 것이
정립되지 않았다고 봅니다. 어떤 종교, 어떤 사상,
어떤 강대국도 인류가 동의하는 가치관을 내놓지 못했습니다.
인류를 통합하는 보편타당한 가치관이 필요한데,
저는 그것이 뇌에서부터 나올 수 있지 않겠나 생각합니다.

신희섭_ 저도 우리 문화가 변화하고 발전하는 중심에
뇌가 자리할 거라고 봅니다. 뇌를 통해 인간을
이해하는 것은 물론 정치, 경제, 사회, 문화 현상 전반을
뇌의 특성에 비춰 분석하고 계획하는 일들이 일어날 겁니다.

황야의 만남

이승헌 세도나에 오신 것을 환영합니다. 주변을 좀 둘러 보셨습니까?

신희섭 그간 국제학회에 참석하면서 여러 지역을 방문해 왔는데, 이곳은 특별히 사막지대의 아름다움이 있는 곳입니다. 벨록(세도나 시에 있는 종 모양의 붉은 바위산. 에너지가 강하게 소용돌이치는 볼텍스 지역으로 잘 알려져 있음)이 특히 인상적이었는데, 이 거실에서 벨록이 바로 눈앞에 보이네요.

이승헌 그래서 여기에 터를 잡았습니다. 미국으로 건너온 때가 1993년인데, 이후 1년 넘게 유랑하듯이 미국 전역을 돌아보며 다니다가 세도나를 발견했습니다. 이곳을 보는 순간 '여기서 시작하자'고 마음먹었죠. 세도나라는 지명을 처음 들었을 때, 내게는 그 이름이 '새로운 도가 나오는 곳'이라는 뜻으로 들렸습니다.

하지만 실제로 이 외진 황야를 구입하기까지는 그로부터 2년이 더 걸렸어요. 현실적인 문제가 아주 많았죠. 당시 그 문제들을 마음에 지고 매일 벨록에 올랐습니다. 벨록에 앉아 있으면 언제나 이 땅에서 일을 시작하는 영상이 머릿속에 가득했지만, 구입비용이나 운영의 문제

를 해결할 방도가 보이지 않았습니다. 그러다가 뜻밖에 이 곳이 경매에 붙여졌다는 소식을 들었습니다. 더 고민할 시간이 없었죠. 결단을 내리고 모든 것을 걸었어요. 그러고는 참으로 우여곡절 끝에 낙찰을 받았습니다.

모두가 무모한 선택이라며 말렸던 일을 그렇게 시작했습니다. 백인이 침범하기 이전에 오랜 세월 인디언의 성지였고, 한국인 관광객은커녕 교민도 극히 소수였던 이곳에 '일지명상센터' 라는 문패를 걸었습니다. 예상한 대로 운영과 개발에 어려움이 숱하게 많았습니다. 하지만 많은 이들의 땀으로 이제는 세계 각지에서 해마다 1만 명이 이곳에 찾아와 한국의 정신문화를 체험합니다. 신박사님도 명상을 하고 계시죠?

신희섭 몸을 단련하는 정도의 요가입니다. 아침에 눈뜨면 한 시간 좀 넘게 스트레칭과 좌선을 하고 연구실로 출근을 하죠. 요즘에는 오후에도 잠깐 수련하면서 기운을 충전할 수 있도록 연구실에 공간을 마련할까 생각 중입니다. 그러면 연구원들도 함께 할 수 있어 좋겠죠.

어느 날 한 연구원에게 이야기했습니다. "이봐, 사실 난 네이처 지에 논문 싣는 것보다 명상하는 것이 더 좋아." 저는 신경과학자니까 강의하고 실험하고 논문 쓰는 것이 일인데, 이런 일은 언젠가 끝을 내야 합니다. 일은 삶에서 굉장히 중요하지만 삶을 일에 다 걸고 살다가 여생이라는 걸 누릴 생각은 없습니다. 뇌연구는 곧 마음공부이고, 일상이 곧 뇌연구입니다. 일과 생활과 명상에 경계가 없습니다. 무엇을 하든 통하죠. 일하지 않는 한편 놀지도 않는 것이랄까요.

이승헌　명상이란 자연스러운 상태 그 자체입니다. 신박사님이 하시는 것처럼 말입니다. 30년 가까이 명상을 알리고 있는데 예전에는 사람들이 명상을 도 닦는 사람들이 하는 것, 또는 비현실적이고 특이한 취향쯤으로 여겼습니다. 지금도 그런 인식이 남아 있죠. 그런데 최근 들어 서양사회에서, 특히 지식층에 명상 붐이 일면서 우리나라에도 명상 인구가 크게 늘고 있지 않습니까. 만약 아직도 '명상이 밥 먹여주나' 하는 사람이 있다면 '좋은 질문이다, 밥 먹여준다' 하고 답하면 됩니다. 명상을 하면 실제로 밥 먹은 효과가 나거든요. 밥을 먹으면 몸에서 에너지를 만들 듯이 명상을 하면 기운이 충전됩니다. 또 피로가 덜하고 머리가 맑아지니까 일에 더 집중할 수 있고, 주변 사람들을 좀 더 여유 있는 마음으로 대하게 되죠. 이 또한 밥벌이에 이로운 일 아니겠습니까.

　명상은 국가적인 '밥'이 되기도 합니다. 명상이라고 하면 인도의 요가를 먼저 떠올리는 경우가 많은데, 우리나라에도 매우 뿌리 깊은 명상의 전통이 있습니다. 제가 25년 전에 시작한 단학과 뇌호흡, 단무도 같은 수련법이 우리의 오랜 전통 명상을 현대화한 것입니다. 이 수련법들은 현재 미국, 캐나다, 남미, 유럽, 일본 등지에 보급되어 있습니다. 대한민국에 존경심을 갖고 있죠. 요가 매니아들이 인도에 가보고 싶어 하는 것처럼 현지 수련생들은 수련의 종주국인 대한민국을 꼭 방문하고 싶어 합니다. 정작 우리나라에서는 우리 명상의 역사와 가치를 인정하는 데 인색하지만, 해외에서는 수련 체험을 통한 효과만으로도 가치를 인정받고 있습니다.

신희섭 사람들이 명상에 대해 어렵게 느끼거나 환상을 갖거나 현실과 동떨어진 세계라고 생각하는 이유가 있을 텐데, 저는 명상을 과학적인 언어로 설명하지 못한 것이 그 이유 중에 하나라고 봅니다. 몇몇 사람의 경험만으로 다수를 설득하는 데는 한계가 있으니까요. 사람들은 과학적으로 입증되었다는 사실에 안도합니다. 원장님도 그런 이유로 한국뇌과학연구원을 세우신 것이라고 짐작합니다.

이승헌 그렇습니다. 이전에는 명상을 설명할 때 단전, 혈자리, 임독맥, 후천경 같은 선도적인 용어를 많이 사용했습니다. 물론 이런 용어를 지금도 씁니다만 뇌를 연구하면서 용어에도 많은 변화가 생겼습니다. 몸과 정신에 대해 말할 때 뇌의 구조와 기능에 관한 이야기가 중심이 되고, 명상의 원리와 효과를 설명할 때도 뇌의 작용 원리를 바탕으로 합니다. 이런 과학적인 설명에 대해 사람들은 신뢰감을 갖고 좀더 쉽게 받아들이죠. 과학이 현대사회의 공용어임을 확인하고 있습니다.

1999년에 한국뇌과학연구원을 설립했습니다. 뇌호흡과 HSP (Heightened Sensory Perception, 고등감각인지. 오감 이상의 감각을 개발하여 뇌가 인지하는 정보의 범위를 획기적으로 확장시키는 두뇌훈련법)를 여기서 개발했죠. 제 공부 과정을 돌아보면 몸에서 시작해 정신을 탐구하다가 뇌에 이르렀다고 할 수 있습니다. 인간의 마음과 행동 특성을 뇌의 작용 원리를 통해 이해하고 해석하는 것이 아주 흥미롭습니다. 박사님은 뇌과학을 하시면서 불교철학에 관심을 가지셨죠?

신희섭 미국 MIT에서 유전학을 가르치다가 13년 만에 한국으로 돌아와 포항공대에서 강의를 시작했는데, 주변에 좋은 절이 있어 자주 찾았습니다. 그 무렵 가까운 선배 한 분이 성철 스님의 〈백일법문〉을 주셨어요. 어렵고 생소한 불교이론서려니 했는데 인간의 마음을 정교하게 성찰한 그 글귀들이 뇌에 관한 설명과 다름없이 읽혔습니다. 특히 유식사상(우주의 궁극적 실체는 오직 마음뿐으로 외계의 대상은 단지 마음이 나타난 결과라는 불교사상) 같은 부분에서는 어쩌면 이렇게 뇌과학적 인식과 일치하는가 감탄했죠. 경전을 보면서 깨달음을 위한 수행에 관심이 깊어졌고, 명상을 시작하게 됐습니다. 마침 건강에 문제가 좀 생긴 상황이어서 요가 동작과 명상 수련이 건강을 회복하는 데도 도움이 됐죠.

그러고 보니 제 공부 과정은 원장님과 역순이네요. 뇌에서 시작해 정신을 탐구하고 몸을 단련하는 수순을 밟고 있으니까요.

이승헌 순서는 달라도 관심사가 일치하네요. 덕분에 우리가 만났습니다. 박사님을 처음 뵌 것이 2003년 HSP연구발표회 자리였죠. 세계적인 과학자가 참석하여 HSP에 관심을 보여주셔서 아주 기뻤습니다. 역시 최고의 논문을 쓰는 학자로서의 감각과 소신을 가진 분이라고 느꼈고, 함께 연구할 기회가 있기를 바랐죠. 그 바람이 2년 뒤에 이루어졌습니다. 박사님의 연구가 앞으로 뇌를 활용하는 기술을 개발하고 보급하는 데 큰 힘이 될 것입니다.

신희섭 HSP 같은 분야에 대해 과학계는 조심스러운 태도를 취합니다. 과학적인 규명이 어렵다 해서 초자연 현상으로 분류해 왔죠. 저도 HSP현상이 진짜인가 하는 점부터 살폈습니다. 실제로 이러한 분야의 연구실험들 가운데 나중에 속임수가 드러난 경우가 적지 않습니다. HSP 연구를 결정하기까지 2년 동안 한국뇌과학연구원에서 진행하는 실험들을 관찰했고, 수백 명의 아이들이 뇌호흡을 통해 HSP기능을 개발하는 것을 보았죠. 어쩌다 희귀하게 나타나는 초능력자가 아니라, 일반 아이들이 피아노를 배우거나 태권도를 익히듯이 HSP기능을 습득하는 광경은 매우 놀라웠습니다.

사실 처음 '뇌호흡'이라는 말을 들었을 때 그 말의 조합이 약간 우스꽝스럽다고 느꼈습니다. 나중에 원장님의 뜻을 알고 그 말을 이해하게 됐죠. HSP가 뇌기능이라면 연구가 가능하다 생각했습니다. 그래서 관찰을 하고, 수련 프로그램이 어떻게 진행되는가를 보고, 아이들에게 나타나는 결과를 확인했습니다. 이것은 결국 인간의 몸에서 일어나는 현상이니까 생물학적 견지에서 연구가 진행되어야 하고, 또 뇌기능과 연관되어 발생하는 것이기 때문에 신경과학적 시각으로도 접근해야 할 것입니다. 현상이 있으면 연구가 가능하다고 봅니다. 현상을 규명해낼 기술이 없다면 물론 어렵겠지만, 눈에 보이는 물질세계에서 일어나는 일은 물질적 접근을 통해 설명될 수 있지 않겠는가 판단하는 것이죠.

이승헌 관찰하신 HSP현상 중에서 가장 흥미로운 부분은 어떤 것입니까?

신희섭 벽을 뚫고 본다든지, 인체를 투시한다든지, 봉투 안의 글자를 읽는다든지 하는 특이한 능력을 가진 사람의 예는 세계적으로 많이 있죠. 그러나 HSP는 특이 능력을 타고난 사람이 아닌 일반인들도 특정한 트레이닝을 통해서 일정 수준의 감각을 개발할 수 있다는 점이 가장 흥미로운 부분입니다.

트레이닝 프로그램이 있기 때문에 연구가 가능합니다. 트레이닝에 대해서는 연구자가 아닌 개인으로서의 관심도 있습니다. 깨달음이라고 일컬어지는 상태가 있고 그것이 수행을 통해 일어나는 일이라면 그 또한 뇌의 기능일 것이기 때문에 그 메커니즘을 직접 체득해보고 싶은 것이죠.

이승헌 박사님의 뇌 연구가 자기 자신에 대한 탐구와 다르지 않다는 것을 알겠습니다.

뇌 속에 있는 하늘

이승헌 얼마 전에 달리는 말 위에서 떨어졌습니다. 전에도 말을 훈련시키다가 여러 번 떨어졌지만 다친 적은 없었는데, 이번에는 아주 호되게 내동댕이쳐졌어요. 얌전한 녀석인데 무엇에 놀랐는지 갑자기 앞발을 치켜들더니 냅다 달리는 거예요. 고삐도 놓친 채 말 등에 엎드려서 한동안 달리다가 겨우 고삐를 다잡는 순간 말이 힘껏 튕겨냈죠. 쏘아 올린 대포알처럼 공중을 가르는데 '머리를 보호하자'는 생각이 번쩍 들었어요. 그 다음엔 몸이 알아서 낙법을 쓰고. 땅바닥에 떨어지는데 몸에서 피아노 치는 소리가 나요. 뼈 교정할 때 그런 소리가 나죠. 부러지지는 않았겠다 싶었어요. 꼼짝 못한 채 바닥에 누워 하늘을 올려다 봤죠. 그런데 하늘이 참 아름답다는 생각이 들더군요. 그건 좀 이상하지 않습니까. 지금 하늘 쳐다보면서 좋다고 할 때인가 말이죠. 몸에 통증이 밀어닥치고, 걸을 수 있을지 알지도 못하는 난처한 상황인데.

신희섭 뇌가 멀티 모듈(Multi-module) 방식으로 되어 있으니까요. 컴퓨터들을 많이 연결해서 슈퍼컴퓨터를 만들면 각각 다른 연산을 동시

삶의 해법을 묻는 사람들에게 저는

자신의 뇌에게 물어보라고 말합니다.

그것은 자기 자신을 객관화하는 방법이 됩니다.

하늘에 물으라 하면 막연하지 않습니까.

뇌도 하늘이 만든 것이고, 하늘의 메시지가 와도

뇌를 통해서 느끼는 거니까

애매한 개념들 대신 뇌를 쓰면 선명해집니다.

에 할 수 있지 않습니까. 몸이나 감정 상태에 관계없이 다른 형태의 생각이 가능한 것도 그런 식으로 설명할 수 있겠지요.

이승헌 흔히 생각은 몸과 감정 상태에 영향을 받습니다. 몸에 생각이 매이고, 감정에 생각이 종속되기 쉽다는 것이죠. 하지만 몸과 감정과 생각은 각각의 신경회로를 형성하고 있다는 사실을 아는 것이 중요합니다. 서로 독립된 기능으로서 영향을 주고받는 것임을 인식하면 몸과 감정과 생각 그 어디에도 매이지 않을 수 있을 거예요. 자신의 상태를 신경회로의 작용으로 이해하는 순간이 바로 자신을 객관화하는 시점이죠. 자신을 객관적으로 바라볼 때 각성이 일어납니다.

삶의 해법을 묻는 사람들에게 저는 자신의 뇌에게 물어보라고 말합니다. 그것은 자기 자신을 객관화하는 방법이 됩니다. 하늘에 물으라 하면 막연하지 않습니까. 뇌도 하늘이 만든 것이고, 하늘의 메시지가 와도 뇌를 통해서 느끼는 거니까 애매한 개념들 대신 뇌를 쓰면 선명해집니다.

사람들로부터 뇌와 정신에 관해 질문을 많이 받습니다. '뇌는 물질이고 뇌에서 일어나는 현상은 정신작용이다, 죽으면 뇌는 썩어서 없어지는데 정신은 어떻게 되느냐' 주로 이런 내용입니다. 정신은 여러 가지 이름으로 불리죠. 생각, 감정, 마음, 의식, 영혼. 이런 것이 몸이 죽은 다음 하늘로 간다면 그 하늘이란 물질일까 아닐까 생각해 봐야 할 겁니다. 땅은 물질이고 하늘은 물질이 아닐까요. 뇌의 입장에서 보면 우주만물은 모두 전기신호일 뿐입니다. 모든 정보가 전기신호로 뇌에 들어오고, 그 정보에 뇌가 반응하면서 또 다른 정보를 생산해 냅니다. 정보는 파장을 이루면 끊임없이 확산되죠. 정신이란 파장으로 존재하는 겁니다. 몸은 썩지만 물질의 순환은 계속되고, 뇌는 없어지지만 정신의 파장은 확산을 거듭합니다. 영원불멸이죠. 영생이나 천국을 따로 찾을 이유가 없습니다.

우리가 관심을 가져야 할 부분은 물질을 선순환시키는 것, 좋은 정보를 유통시키는 것입니다. 죽은 다음에 어디 갈까 하는 것이 문제가 아니고, 살아서 발 딛고 있는 지구의 환경과 인류의 정신건강이 문제인 것입니다. 여기에 관심을 갖고 이를 보존하고 회복하고 향상시키는 것이 행복한 영생을 위해 필요한 노력입니다.

죽으면 정신이 어떻게 될까 하는 문제는 살아서 정신을 바로 쓰면 그 연장선에서 해결됩니다. 살아서 하늘을 체험하는 곳이 뇌입니다. 뇌가 하늘의 활동 무대인 셈이죠. 우리의 옛 경전인 〈삼일신고〉를 보면 하느님에 대한 가르침을 담은 장에 '강재이뇌降在爾腦'라는 구절이 나옵니다. 하느님이 네 머릿속에 내려와 계신다는 이 실존적 표현이 멋지지 않습니까.

신희섭 종교에서 이야기하는 신과는 다른 개념으로 말씀하시는 것 같습니다.

이승헌 그렇습니다. 많은 사람들이 신을 잘못 알고 있습니다. 신은 질투하고 겁주고 복이나 벌을 주는 존재가 아닙니다. 신이 자기한테

기도하면 복 주고, 다른 데 가서 절하면 저주하고 그러겠습니까. 사람도 그러지 않는데. 그런 편협한 신을 믿으면 전쟁을 일으키면서 신의 뜻이라고 선전을 하게 됩니다. 겁나니까 신에게 책임을 미루고, 신을 통해서 인간의 욕망을 이루려고 하는 것이지요.

신을 인격화해 놓고 복을 구하거나 두려워하는 것은 존재의 실체를 모르기 때문에 일어나는 일입니다. 알면 법칙이고, 모르면 신이죠. 밥 지을 때 '밥이 되는 것을 믿습니다' 하는 사람은 없지 않습니까. 쌀에 물을 넣고 열을 가하면 밥이 되는 법칙을 알기 때문이죠. 그러나 밥 짓는 법을 알기까지 많은 실험과 시간이 필요했을 것입니다. 생쌀 먹는 시절에 밥이란 신의 권능에 속하지만, 밥 짓는 법을 안 뒤에는 지식이 됩니다.

모르던 세계를 하나씩 깨달을 때마다 신을 만나는 것입니다. 신을 만나는 기쁨이란 곧 깨닫는 즐거움과 같습니다. 신은 법칙이고 원리입니다. 불에 손이 닿으면 화상을 입죠. 이는 법칙이고, 법칙 속에 신이 존재합니다. 빽 쓴다고 법칙의 적용을 비껴갈 수는 없습니다. 신에게 재물을 바치며 복을 구하는 것은 자신의 신을 뇌물 받는 신으로 여긴다는 것인데, 인간 사회에서도 뇌물은 불법 아닙니까. 법칙을 아는 것이 신을 아는 것이고, 법칙대로 사는 것이 신을 섬기는 것입니다.

뇌도 법칙대로 써야 합니다. 강재이뇌란 뇌에 신적인 기능이 있다는 뜻입니다. 신인합일神人合一도 같은 인식에서 나온 사상이죠. 인간은 누구나 신적인 기능을 발휘합니다. 법칙대로 뇌를 쓰고 있는 것이죠. 그러나 뇌에는 더 막대한 기능이 내재해 있습니다. 그 기능을 가로막는 가장 큰 장애는 에고입니다. 에고란 자기를 가두는 관념들입니다. 에고의 작용을 멈춰야 신이 활동합니다.

그런데 우리의 교육과 사회, 문화 환경은 에고를 더 자극해서 키우고 강화하는 쪽으로 가고 있습니다. 개인의 에고, 집단의 에고, 국가적 에고, 종교적 에고, 사상적 에고가 숱한 불화를 낳고 있습니다. 이런 상황에 대한 자각이 필요합니다.

신희섭 저는 모든 것을 뇌의 기능이라고 보는 쪽입니다. 신경과학을 공부하면서 마음이 뇌의 기능이라고 믿게 되었습니다. 뇌 이외에 어떤 요소가 작용하는지 모르고, 따라서 그것에 관해 어떤 말도 할 수 없습니다. 하지만 마음이 뇌의 기능이라고 보는 견지에서는 신적인 능력도, 에고의 작용도 역시 뇌의 기능이라고 봅니다. 그렇다면 모든 것은 뇌의 기능을 어떻게 최적화할 것인가 하는 문제로 모아집니다. 이것은 제가 신경과학을 연구하는 목적이고, 명상에 관심을 갖는 이유이기도 합니다.

뇌가 어떻게 작동하는지, 그 메커니즘이 밝혀지면서 뉴런에 전기적인 자극을 주거나 약물을 사용하는 방법들이 개발됐습니다. 정신적 문제를 스스로 조절하지 못하는 경우에 이런 방법은 분명히 도움이 됩니다. 뇌를 인위적으로 조절하는 것에 반대하는 사람도 있을 것입니다. 하지만 사실상 우리는 뇌를 항상 조작하고 있습니다. 흔히 알코올이나 음악, 운동 같은 것을 이용하죠. 이것 말고도 뇌의 상태를 조절하는 수많은 방법을 우리는 이미 사용하고 있습니다. 중요한 것은 뇌를 가장

신경과학을 공부하면서

마음이 뇌의 기능이라고 믿게 되었습니다.

마음이 뇌의 기능이라고 보는 견지에서는 신적인 능력도,

에고의 작용도 역시 뇌의 기능이라고 봅니다.

그렇다면 모든 것은 뇌의 기능을 어떻게 최적화할 것인가 하는

문제로 모아집니다. 이것은 제가 신경과학을

연구하는 목적이고, 명상에 관심을 갖는 이유이기도 합니다.

안정되고 효율적인 상태에 이르게 하는 방법이 무엇인가 하는 점입니다. 이것을 원장님 식으로 표현하면 '에고의 활약을 멈추게 하는 방법'을 찾는 것과 비슷하지 않을까 합니다.

저는 그런 점에서 명상이 보통 사람들에게 가장 좋은 선택이 될 것이라고 봅니다. 상태가 심각해서 명상요법을 할 수 없는 환자이거나, 명상에 거부감을 가진 사람이라면 약물이나 행동 치료, 뇌 자극요법 같은 다른 방법을 써야겠지요. 하지만 대개의 사람들에게 명상은 가장 안전하고 효율적인 조절법일 것입니다. 현재까지의 상황을 보면 그렇다는 것이고, 미래에는 어떻게 될지 모릅니다. 예를 들어 뇌 자극요법 (Deep Brain Stimulation)이 굉장히 발전해서 부작용 없이 간편하게 사용할 수 있는 방법이 나올 수도 있습니다. 명상한 것과 같은 효과가 나타나는 알약이 나올 수도 있죠. 하지만 지금은 그런 기술이 없으니까 명상 트레이닝을 선택해야겠죠.

이미 명상을 하고 있는 사람들에게 명상을 하는 이유를 물으면 대개가 부정적인 감정에서 벗어나는 데 도움이 되기 때문이라고 답합니다. 실제로 명상의 목표 가운데 하나가 부정적 감정을 이끄는 뇌기능을 감소시키는 것이죠. 그와 함께 의식과 감각을 더 명민하게 깨우는 것이 또 하나의 목표입니다. 그런데 이 두 가지는 나뉘지 않는 한 세트입니다. 제가 보기에 이것은 모든 명상법과 종교가 이루고자 하는 목표이기도 합니다. 명상, 참선, 기도를 뇌의 관점에서 보면 서로 다를 바가 없다는 것이죠.

사람들이 뇌를 알면 인간에 대한 이해의 폭이 더 넓어지리라고 봅니다. 뇌에 대한 지식이 우리가 만들어놓은 차별과 오해를 자각하는 네 실마리가 될 수 있기 때문입니다.

이승헌 제가 뇌에 관심을 갖는 이유도 그것입니다. 뇌가 평화의 코드가 될 수 있겠다는 것이죠. 모든 사람이 뇌를 갖고 있습니다. 또한 모든 것이 뇌에서 비롯됩니다. 평화는 실체가 없고 평화를 이루자는 구호는 막연하게 들릴 수 있지만, 뇌는 실체가 있으니 뇌를 잘 쓰자는 제안에 대해서는 현실적이라고 느낄 것입니다.

우리가 바라는 건강하고 행복한 삶, 평화로운 세상이 무엇으로 가능하겠는가. 바로 너와 내가 뇌를 잘 쓰면 되는 것입니다.

신희섭 많은 대립과 갈등이 무지함에서 비롯된다고 봅니다. 신경과학적 지식의 부재, 마음에 대한 이해의 부재가 원인입니다. 무지로 인해 불화하고 불행에 빠집니다. 이것을 멈추는 방법은 자신의 무지를 자각하는 것밖에 없습니다. 신경과학이 여기에 기여할 수 있습니다. 어떤 교리나 제도보다 더 큰 성과를 기대할 만한데, 왜냐하면 교화하거나 억압하는 방식이 아니라 뇌를 알면 되기 때문입니다. 신경과학은 마음을 대상으로 연구하고, 마음이 어떻게 작용하는지 알아내는 과학입니다. 뇌를 알면 자신의 관념과 욕망과 집착의 실체를 보게 됩니다. 그 모든 것이 뇌에 배선된 회로에 따라 불이 들어오거나 들어오지 않은 결과임을 안다는 것은 자기에 대한 인식의 눈을 새로 뜨는 체험이 될 것입니다.

지식뇌와 몸뇌

이승헌 말에서 떨어져 꼼짝 못하고 방에 누워 있는 동안 저는 한 가지 실험을 했습니다. 의사는 일주일 정도는 움직이면 안 된다고 했지만 평소에 세 시간만 누워 있어도 몸이 굳어버리는 사람한테는 통증보다 그게 더 견디기 힘들 판이었습니다. 그래서 어떡하면 짧은 시간에 회복할 수 있을지 실험을 한 겁니다. 누운 채로 몸통을 좌우로 손톱만큼씩 움직이며 척추에 미세한 진동을 주기도 하고, 음악을 틀어놓고 기운을 타면서 춤을 추기도 했습니다. 물론 움직임이 거의 없는 춤이죠. 그러다 어느 순간 뼈가 우드득우드득 하고 맞아들어가는 소리가 났어요. 몸을 일으켜 보니 통증이 왔지만 걸음을 조금씩 뗄 수 있었습니다. 말에서 떨어진 첫 날 걸은 겁니다.

하지만 온몸에 통증이 너무 심해서 더 이상 움직일 수는 없었습니다. 실험을 계속 하면서 뇌에게 물었습니다. 어떻게 하면 움직일 수 있을까. 그런데 아무리 물어도 그 방법이 머리에서는 안 나왔습니다. 도리 없이 그저 몸을 움직여 보려는 생각만 계속 하고 있는데 한 순간 몸이 뱀처럼 쓱 움직이더니 용케 통증을 자극하지 않고 일어나 앉게 됐습니다. 몸은 알고 있었던 것입니다. 머리가 어쩌지 못하고 있는 동안 몸은 저대로 무척 애를 쓰고 있었던 것이죠.

그래서 아, 뇌가 두 개구나 하고 생각했습니다. 지식뇌가 있고 몸뇌가 있다. 지식뇌만으로는 몸을 다 모릅니다. 몸에 대한 정보는 몸뇌가 갖고 있습니다. 하지만 몸뇌의 정보를 지식뇌로 옮겨 올 수는 있습니다. 스스로 임상 실험을 하면서 그렇게 한 셈이죠.

실험성과는 꽤 좋은 편입니다. 아주 빨리 회복하고 있거든요. 그러면서 정리한 생각이, 몸뇌와 지식뇌의 역할에 차이가 있는 만큼 이를 통합적으로 보고 치료법을 찾아야 한다는 것입니다. 한마디로 통합의학이 필요하다는 것입니다. 이는 오래전부터 생각하고 시도해 온 것이지만 제대로 된 정리와 실행이 필요합니다. 세상에는 수많은 치료법이 있습니다. 약물치료, 수술치료, 침술치료, 운동요법, 기공요법, 심리요법 등등 아주 다양하죠. 문제는 이 치료법들이 다 제각각이라는 것입니다.

무슨 치료법이든 그 방법을 써서 치료가 되는 이유는 단지 그 치료법의 효과가 아니라 몸이 가진 자연치유시스템이 움직여 주었기 때문입니다. 그러니까 몸이 낫는 것은 몸뇌가 있기 때문이고, 모든 치료법은 그 몸뇌의 정보처리를 돕는 역할을 하는 것이죠. 만약 어떤 치료법이 몸뇌의 정보처리에 맞지 않으면 치료 효과를 나타내지 못할 뿐 아니라 오히려 해를 끼칠 수도 있습니다.

치료의 핵심인 자연치유력을 중심으로 여러 의학을 통합한 의학이 필요합니다. 양의학에서 한의학적인 처방을 보조적으로 활용하는 방식 정도가 아니라 근본적인 통합이 이뤄져야 하는데 그 근본에 해당하는 것이 뇌라고 봅니다. 몸뇌와 지식뇌를 합친 뇌 차원에서 환자를 진단하고 처방책을 찾는 통합의학은 가장 바람직한 미래 의학이 될 것입니다.

신희섭 지식뇌와 몸뇌라는 말이 재미있습니다. 그것이 결국 신경계를 말하는 것인데요, 두개골 속에 있는 뇌와 온몸에 퍼져 있는 신경을 그렇게 나눠서 표현하신 거죠. 지식뇌와 몸뇌의 기능을 이렇게 설명해 볼 수 있을 것 같습니다. 카메라로 경치를 찍으면 렌즈에 들어온 광경이 고스란히 사진에 담깁니다. 그런데 사람은 경치를 봐도 그 중에 특정한 정보만 봅니다. 중요한 것이나 자기 마음에 영향을 주는 것만 주로 보는 거죠.

하지만 눈의 망막에 비친 정보는 카메라 렌즈와 다름없이 모두 들어오거든요. 그 정보들이 뇌의 시각피질까지 도달하긴 하는데 다음 순간 그 중에서 선택이 일어나고, 결국 선택된 정보만 우리는 봤다고 느낍니다. 선택된 정보, 이것이 지식정보입니다. 정보가 많았는데 선택된 일부만 알고 있다고 생각하는 거죠. 그럼 나머지 정보는 어떻게 되는가. 그게 아마 몸뇌에 저장되는 것 아닐까요? 자기는 알지 못하지만 어딘가에 정보가 남아 있는 것이죠.

이승헌 의식하지 못하는 사이에 뇌가 선택하는 것, 그것을 관념이라고 할 수 있겠습니다. 틀 지워진 생각의 습이죠. 그것을 놓아버리면 정보의 실체를 만날 수 있는데, 이를 불가에서는 재미있게도 '무심'

이라고 하죠. 무심이 되면 작은 정보인 시식정보가 차단되면서 이미 저장되어 있던 큰 정보들이 움직이기 시작합니다. 뇌의 이러한 원리는 교육에 바로 적용이 되어야 합니다. 아이들이 지식정보에 갇히지 않고 몸정보를 만나 그것이 움직일 수 있도록 해줘야 하는 것이죠. 몸정보와 연결돼야 자신감도 나오고 창조성도 발휘됩니다. 뇌호흡도 몸정보와 연결하는 감각을 키우는 방법으로 개발된 것입니다.

신희섭 다른 식으로 표현하자면, 의식에 반영된 정보와 반영되지 않은 정보가 있는데, 반영되지 않은 정보가 훨씬 더 많다는 것이고, 거기에는 내가 세상에 태어나서 얻은 정보도 있지만 인류가 진화해 오면서 축적한 정보도 다 들어 있다는 것이죠. 그런데 그 대부분의 정보들이 의식의 등불 속으로 들어오지 못하고 있죠. 의식하지 못해도 잠재된 정보의 일부가 작동하는 경우가 있겠지만, 대개의 정보는 잠복 상태에서 그냥 끝납니다. HSP는 그러니까 잠복된 정보들을 불러내서 활동하게 하는 방법이라고 할 수 있겠습니다.

이승헌 그렇습니다. 어둠 속에 있는 정보들에 불을 켜준 거예요. 불을 비추니까 원래 있던 것이 드러나는 거죠.

신희섭 창조성이라는 것도 마찬가지입니다. 평소에 연결되지 않고 제각각 흩어져 있던 정보들이 쫙 꿰어지는 현상이 창조인데, 그러자면 라이트를 비춰주어야 구슬을 꿰어 보배로 만들 수 있다는 거죠.

뇌 속의 반응시스템은 상상할 수 없을 만큼 거대한 규모일 겁니다.

그 거대한 시스템 속에서 창조적인 반응을 이끌어내는 열쇠가 바로 의지입니다.

징기스칸이 말을 타고 수없는 전쟁을 치르면서 아시아를 지나 유럽까지

갔다는 것은 정말 엄청난 의지 아닙니까. 인간이 하늘을 날게 된 것도

팔다리 힘이 좋아서가 아니라 의지를 갖고 뇌를 썼기 때문입니다.

뇌는 신적인 능력을 구현할 만큼의 시스템을 갖추고 있어요.

그러니 우리는 신과 같은 의지로 그 시스템을 신나게 활용하면 되는 것이죠.

○
○
○

이승헌 그럼 불을 켜는 방법이 무엇인가. 그게 기술적으로는 명상이고, 내면적으로는 의지입니다. 내가 이것을 꼭 해야 한다는 의지가 백 퍼센트이면 불이 탁 들어와서 방법을 마침내 찾게 됩니다. 방법을 찾기 위해 계속 집중하다 보면 실마리를 발견하게 되고, 그것을 쥐고 당기는 순간 그 밑에 줄줄이 연결되어 있던 것들까지 딸려 올라오는 수가 있습니다. 세도나에 처음 와서 매일 벨록에 올라가서 앉아 있는 동안 일어난 일이 이것입니다. 방법이 없다는 지식정보에 눈길을 주지 않고 계속 나 자신에게 길을 묻다가 불이 켜진 거죠. 하늘의 메시지를 받았다고 느끼는 때가 바로 그런 순간일 겁니다.

신희섭 표현을 어떻게 하던 본래 있는 정보를 의식하게 된 거죠. 쥐는 지진이 나기 전에 도망가잖아요. 쓰나미가 밀어닥칠 때도 동물들은 이미 높은 곳으로 대피해 있었습니다. 사람에게도 그런 능력이 본래는 있을 텐데 없다고 생각하죠.

이승헌 사람에게도 그런 능력이 다 있습니다. 인류가 진화하면서 축적한 정보를 원시정보라고 해 볼까요. 원시정보를 하늘과 연결된 정보, 또는 신적인 기능이라고 해도 좋습니다. 중요한 것은 표현이나 정의가 아니고 바람직한 활용이니까요. 우리 몸에 원시정보가 존재한다는 사실을 사람들에게 알리고 거기에 접근할 수 있는 길을 안내한다면 참 의미 있는 일 아니겠습니까.

신희섭 지금 하고 계신 HSP수련도 결국 그것을 추구하는 셈이죠. 태어나서 고양이를 보지도 못한 생쥐가 고양이 털 냄새만 맡고도 무서워하는 것, 이것을 원장님이 말씀하신 원시정보라고 할 수 있을 겁니다.

우리가 새로운 것을 인식한다고 할 때 그것이 정말 새로운 것이냐, 아니면 뇌 속에 그것에 반응할 수 있는 시스템이 이미 만들어져 있는 것이냐 하는 신경과학에서의 논의가 있습니다. 아이가 태어나자마자 눈을 가린 채로 오랜 시간이 흐르면 나중에 눈을 가리지 않아도 보지 못합니다. 눈에는 이상이 없지만 뇌에서 시각정보에 반응하는 기능이 퇴화해 없는 거죠. 눈이 아니라 뇌가 보는 것입니다. 그러니까 뇌 속의 반응 시스템이 중요하고, 이것이 만들어지는 데는 유전정보와 환경정보와 진화정보가 모두 개입하는 것으로 보입니다.

이승헌 뇌 속의 반응시스템은 상상할 수 없을 만큼 거대한 규모일 겁니다. 그 거대한 시스템 속에서 창조적인 반응을 이끌어내는 열쇠가 바로 의지입니다. 징기스칸이 말을 타고 수없는 전쟁을 치르면서 아시아를 지나 유럽까지 갔다는 것은 정말 엄청난 의지 아닙니까. 지금 비행기 타고 유럽 다녀오기도 힘든데 말이죠. 그런 의지가 뇌를 움직여 대륙을 정복하는 힘을 끌어냈을 겁니다. 인간이 하늘을 날게 된 것도 팔다리 힘이 좋아서가 아니라 의지를 갖고 뇌를 썼기 때문입니다. 뇌는 신적인 능력을 구현할 만큼의 시스템을 갖추고 있어요. 그러니 우리는 신과 같은 의지로 그 시스템을 신나게 활용하면 되는 것이죠.

신경과학으로 본 마음

신희섭 우리 집 강아지 이름이 '난다' 입니다. 신씨 집안의 난다.

이승헌 하하, '신난다'네요. 좋은 이름입니다. 기분이 아주 흥겹고 좋은 것을 신난다, 신명난다고 하잖습니까. 이것이 순우리말인데, 자기 안의 신이 드러나는 것이 가장 기쁜 일이라는 의미를 담고 있는 것 같습니다. 신나게 하면 뭐든 잘 되는 이치도 뇌의 원리 속에서 찾아 볼 수 있겠지요.

신희섭 쾌감중추가 작용한 결과라고 봅니다. 쾌감중추는 뇌의 기본적인 추진시스템입니다. 쾌락중추라고도 하는데 이것이 반응하여 즐겁고 기분 좋은 상태가 되면 뇌와 몸이 더 의욕적으로 움직입니다. 그러나 때로는 이 시스템이 제멋대로 돌아가기도 하는데, 약물중독이나 과도한 공격성 같은 것이 그 예입니다. 인간의 뇌는 생명계에서 가장 복잡하게 진화했습니다. 인간의 생존과 번식의 조건이 그만큼 복잡해진 것이죠. 뇌가 너무 복잡해지다 보니까 때로는 생존과 번식에 도움이 되지 않는 방향으로 나아가기도 합니다. 뇌연구는 이런 복잡함에

서 생기는 오작동을 줄이고 본래의 뇌 상태를 회복하게 하려는 연구일
수도 있습니다.

이승헌 박사님의 경우, 화려한 연구업적으로 보아 연구와 쾌감중
추의 작용이 잘 연결되어 있으신 것 같습니다.

신희섭 하하. 그런 것 같습니다. 신경과학을 연구하는 것이 저에게
는 명상을 하는 것과 다르지 않습니다. 뇌를 연구하고 이해하는 것이
부정적인 감정들로부터 벗어나는 데 도움이 됩니다. 명상을 할 때처럼
말이죠. 대중을 대상으로 하는 제 강연의 제목도 '뇌 연구를 통한 마
음의 이해'입니다.

불교에서 깨달음에 이르는 방식에 선종과 교종, 두 가지가 있다고
하지 않습니까. 선종은 화두 참선을 위주로 하고, 교종은 경전을 공부
하여 이해하고 사고하는 과정을 통해 깨달음에 이른다고 하죠. 신경
과학은 말하자면 저에게 교종적인 방법입니다. 지식을 통해 깨달아
가는 길이죠.

마음이 표현된 정서인 두려움, 불안, 이런 것들은 어떻게 뇌와 관련
되어 있을까요? 뇌의 특정 부위가 파손되면 특정 감정이나 행동이 파
괴됩니다. 이는 사람과 동물에게서 공통적으로 나타납니다. 신경과학
적 질병을 앓는 환자들이 많이 있습니다. 가령 뇌졸중 환자를 보면 뇌
의 어떤 부위가 파손되었을 때 일단 그 사람은 기억을 잃어버립니다.
그리고 어떤 경우에는 감정도 바뀝니다. 다른 예로는, 원래 믿음직하

불교에서 깨달음에 이르는 방식에
선종과 교종, 두 가지가 있다고 하지 않습니까.
선종은 화두 참선을 위주로 하고,
교종은 경전을 공부하여 이해하고 사고하는
과정을 통해 깨달음에 이른다고 하죠.
신경과학은 말하자면 저에게 교종적인 방법입니다.
지식을 통해 깨달아가는 길이죠.

고 성실한 사람이었는데 전두엽이 파손된 이후 성격이 바뀌었습니다. 책임감 없고 무계획적이고 마약 중독에 빠지고 결국 사기꾼이 되어 감옥에 갔지요. 뇌의 결함이 성격을 바꾼다는 것입니다. 그것이 바로 뇌와 마음의 관계입니다.

심지어 모성애도 뇌의 단순한 손상으로 파괴될 수 있습니다. 쥐 실험을 해보면, 쥐의 특정 유전자가 파괴될 경우 뇌의 특정 부위가 제대로 작동하지 않습니다. 그러면 그 쥐는 새끼를 전혀 돌보지 않아요. 어미가 자식을 돌보지 않으면 갓 태어난 새끼는 추위로 모두 죽고 말죠. 우리가 강한 본성이라고 믿는 모성애도 뇌의 일정 부위 손상으로 파괴될 수 있다는 말입니다.

또 다른 예로 무엇이 있을까요? 남녀 간의 사랑도 파괴될 수 있습니다. 보통 사람의 경우 이성과 악수를 하거나 만지게 되면 신체의 생리학적 상태가 바뀝니다. 그 생리학적 변화는 측정이 가능해요. 그런데 뇌에 손상을 입은 어떤 환자들은 같은 상황에서 바뀌지 않습니다.

열정적인 사랑은 3년 간 지속된다고 합니다. 만기가 3년인 거죠. 사랑에 빠지면 혈액에서 어떤 화학물질이 증가합니다. 그러면 그 사람이 사랑에 빠진 전형적인 증상을 나타내는 것입니다. 판단이 느려지고, 약간 어색하고, 붕 떠 있죠. 그 화학물질을 인위적으로 주입하면 같은 증상을 만들어 낼 수도 있습니다. 물론 사랑의 감정은 빼고요. 시간이 갈수록 그런 증상을 불러일으키는 데 들어가는 화학물질의 양이 증가합니다. 그게 한 3년쯤 가는 거죠.

이승헌 약물로 뇌의 특정 기능만 조절하는 것이 얼마나 가능한 일입니까?

신희섭 뇌기능은 분자가 아닌 회로에서 발생하는 것이기 때문에 약물 적용이 쉽지 않습니다. 하나의 유전자를 돌연변이로 만듦으로써 모성애를 파괴할 수 있지만 그렇다고 그 유전자가 '모성애 유전자'는 아닙니다. 뇌라는 네트워크 속에서 회로로 작용하기 때문입니다. 분자라는 것은 하나의 조각을 말하는 것인데, 말하자면 반도체 칩과 같은 거죠. 그 반도체는 여러 큰 기계를 만드는 데 쓰일 수 있습니다. 더쉽게 이야기하자면 벽에 전기 스위치가 여러 개 있고 그것은 각각 다른 곳과 연결되어 있죠. 하지만 작동 방식은 같습니다. 연결되었느냐 아니냐의 문제죠. 분자도 마찬가지입니다. 하나의 분자도 우리 몸에서 많은 부분에서 쓰일 수 있습니다. 그렇기 때문에 어떤 특정 분자를 '사랑 분자'라든가 '두려움 분자'라고 지칭하는 것은 매우 잘못된 표현입니다. 제가 논문 발표를 하면 사람들은 그것을 '두려움 유전자'라거나 '우울증 유전자'라는 식으로 부르기를 좋아합니다. 하지만 그것은 맞지 않는 표현이죠.

이것이 약물이 뇌기능을 조절하는 데 그다지 효과적이지 않은 이유이기도 합니다. 많은 부작용이 있어요. 약물에는 타깃이 있습니다. 가령 스위치가 고장나서 고칠 때는 회로 연결을 단단하게 하면서 다른 스위치에는 영향을 주지 않도록 주의해야 합니다. 그런데 이 스위치의 연결을 강화하다 보면 다른 스위치의 연결도 강해질 수 있습니다. 말하자면 전등 스위치의 연결을 강하게 했는데 히터의 연결도 강해지는 거죠. 그러면 집이 너무 더워지죠. 이것이 부작용입니다. 우울증 치료 제는 세로토닌 기능을 증가시키는데, 세레토닌이 뇌의 많은 곳에서 쓰이기 때문에 부작용이 나타날 수 있습니다.

이승헌　스스로 자신의 뇌를 컨트롤하는 감각을 키우는 것이 가장 효과적이고 건강한 방법이겠지요.

신희섭　그 말의 뜻을 이해합니다. 하지만 '나의 뇌를 내가 컨트롤한다', '내가 내 뇌의 주인이다' 라는 말을 신경과학 입장에서 보면 약간 이상합니다. 나의 뇌를 컨트롤하는 내가 어디 있죠? 그 내가 누구죠?

뇌가 몸의 주인이 되어 몸의 필요와 상관없이 자기만의 목적을 위해 명령을 내리는 경우가 있습니다. 알코올, 마약, 흡연, 도박 같은 중독 증상이 대표적이죠. 이 경우 뇌의 특정 모듈이 그렇게 하는 것인데, 뇌를 그렇게 내버려두지 말고 컨트롤해야 한다는 말은 뇌의 다른 모듈이 더 강하게 작용하여 중독에 관여하는 모듈을 억제시키는 것이라고 할 수 있겠습니다. 특정 모듈에 대한 다른 모듈이 나에 해당하는 것이죠. '내가 내 뇌의 주인이다' 라는 말을 신경과학적 입장에 따라 바꾸면 '내 뇌의 이 부분이 내 뇌의 다른 부분의 주인이다' 이렇게 표현할 수도 있겠습니다.

이승헌 표현에 논리적 문제가 있을 수 있는데 박사님이 이미 해명을 해주셨습니다. 뇌의 주인이 되라는 말은 뇌를 쓰는 방식에 대한 의지를 가지라는 뜻이고, 일반적으로 이 의미가 전달되는 데는 문제가 없다고 봅니다.

의지에 관해서는 어떤 견해를 갖고 계십니까?

신희섭 연구 주제로 생각하는 것 중에 '마음가짐이 어떻게 뇌기능에 영향을 주는가' 하는 것이 있습니다. 그런데 쥐를 대상으로 그걸 연구하기가 쉽지 않죠. 사람을 대상으로 한 연구가 될 것 같습니다. 뇌 의식작용의 원리를 규명하는 연구 계획도 갖고 있습니다. 여기서 의식이란 잠들지 않은 상태를 말합니다. 깨어 있을 때 의식이 어떻게 작용하는지, 의지가 개입하면 어떻게 되는지를 연구합니다.

이런 주제로 이야기를 하다가 간혹 논쟁이 일어나는 지점이 있는데, 자유의지 개념이 등장할 때입니다. 저는 그것 또한 뇌기능의 일부라고 생각하고 있습니다. 그렇지 않고서는 정신이 외부에서 오는 것으로밖에 이야기가 안 되죠. 자유의지는 저에겐 받아들이기 좀 거북한 생각입니다.

알코올 중독자가 술을 끊겠다고 결심했을 때, 그 결심은 그의 뇌 어딘가에서 오는 것이죠. 어떤 결정도 뇌기능과 관계없이 일어날 수는 없습니다. 결심한 사람의 뇌를 fMRI로 찍는다면 어떤 변화를 감지할 수 있을 겁니다. 뇌에 아무런 변화 없이 자유의지에 의해서 그런 결정이 내려질 수는 없다고 봅니다.

메시지라고 표현하는 것도 그렇습니다. 오늘 아침 저는 진동 수련을 하면서 위아래로 점핑을 했습니다. 그 때 저는 배에서 춤추고 있는 느낌이 들었고 백두산 천지를 보았습니다. 이전에 천지의 그림을 본 적이 많이 있죠. 천지에서 춤추며 하늘을 바라보는 느낌이었습니다. 어디에서 이 모든 것이 일어날까요. 그것 역시 뇌라고 생각합니다. 이는 하늘에서 메시지를 받는다고 하는 상황에 비해 가치가 떨어지는 일이 아닙니다. 단지 그 때의 제 몸과 마음의 상태였던 거죠.

어떤 순간에는 무당처럼 뛰고 춤을 추는 기분이었습니다. 어디에서 이 모든 것이 오는 것일까요? 제 마음에서 오는 것입니다.

자유의지를 각기 다른 이름으로 부를 수 있습니다. 환상이든 메시지든 뭐라 부르든 그것은 제 마음, 제 뇌에서 일어나는 일이라고 생각합니다. 제가 천지에서 무당처럼 뛰는 느낌을 받은 것에 대해 한 번 분석을 해 보죠. 제 고향에 무당이 한 명 있었는데 실력이 아주 좋았습니다. 굉장히 유명했죠. 무당이 나오는 소설이나 영화도 많이 보았습니다. 그런 경험들이 있는 상태에서 강력하고 리드미컬한 비트음을 들으며 그에 맞춰 몸을 움직이는 와중에 그런 느낌이 든 건데, 모든 게 뇌에 들어 있는 겁니다. 뇌의 여기저기에 흩어져 있는 것들이 합쳐져서 나타난 거죠.

어떤 정신과 의사가 제게 '모든 정신적인 현상이 생물학적으로 설명되는 것은 아니다' 라고 말했습니다. 그렇지만 그건 좀 이상했어요. 무엇이든 마음 속에서 일어났다면 그것은 뇌 속에서도 일어난 일이니까요. 이젠 그것을 fMRI로 확인할 수도 있죠. 그래서 언쟁을 좀 했어요. 결국 그 의사가 말하려는 것이 뭔지 알게 됐습니다. 그도 역시 자유의지에 대해 이야기했던 겁니다. 그래서 저는 심지어 자유의지가 작용하는 순간에도 뇌에서 어떤 변화가 일어나는 것이 맞지 않느냐고 했죠. 그렇다면 자유의지는 어디에서 나온다는 것입니까?

창조성도 마찬가지입니다. 어떻게 창의력이 발현되는지 밝혀지지 않았습니다. 그러나 우리는 창조력이 겉으로 보기에 연관 없는 것들이 연결되어 새로운 아이디어가 나오는 것임을 압니다. 뇌는 거대한 창고입니다. 아마도 이 창고에서 이런저런 조각들이 합쳐지면서 자각이 일어날 때 창조력이 발현되는 것 같습니다. 이런 현상이 어떻게 일어나는 것일까요? 저에겐 이것이 생물학적 견지에서 매우 흥미롭습니다.

제 생각으로는 이것을 생물학적으로 또는 신경과학적으로, 또 뇌의 기능으로 설명하는 것이 인간의 가치나 그 기능의 중요성을 전혀 떨어뜨린다고 보지 않습니다. 심지어 사랑이라는 가치도 생물학적으로 설명이 된다고 해서 그 가치가 떨어지지는 않습니다. 오히려 그런 현상이 일어나는 것을 더 대단하게 보게 되죠.

이승헌 자유의지가 있든 없든 그것이 뇌의 신묘막측한 네트워크 속에서 일어나는 일임에는 틀림없습니다. 다만 그 발원지가 어디인가 하는 것은 자기 마음이 가는 쪽으로 심증만 굳힐 뿐 아직은 누구도 확인해 줄 수 없는 문제이죠. 뇌는 알고 있을 텐데 말입니다.

원시정보 에피소드

신희섭　원시정보란 게 태어날 때부터 가지고 있는 것이라면 공포 감이나 죽음에 대한 두려움도 원시정보라고 할 수 있죠.

이승헌　그렇습니다.

신희섭　그런데 고양이를 봐도 무서워하지 않는 쥐가 있어요. 원시 정보에 문제가 있는 거죠. 이런 쥐는 공격성이 굉장히 증가되어 있습 니다.

이승헌　저도 중국에서 겁 없는 돼지를 본 적이 있습니다. 백두산 가까이에 있는 큰 호랑이 우리에 갔는데, 그곳은 동물원하고는 달리 호랑이 우리에 소나 돼지를 먹잇감으로 넣고 호랑이가 그것을 잡아먹 는 광경을 구경하게 해 놓았습니다. 커다란 우리에 호랑이가 먼저 나 타나고 돼지가 한 마리 들여보내졌습니다. 그런데 보통 돼지는 호랑이 를 보고 놀라서 달아나는 게 정상인데, 이 녀석은 도망을 안 갈 뿐 아 니라 꿀꿀거리면서 호랑이 앞으로 다가갔어요. 그걸 보고 호랑이가 되레 놀라서 뒷걸음질을 치다가 체면 생각이 났는지 얼른 돼지 목을 콱 물었죠. 그런데 이게 어설픈 각도에서 무는 바람에 돼지가 머리로 호랑이를 받아 버렸어요. 호랑이는 놀라서 뛰어다니고 관중들은 배꼽을 잡았죠.

그러자 사육사가 그 호랑이를 우리 안쪽으로 들여보내고 이번에는 진짜 벵갈 호랑이를 딱 내보냈어요. 그래도 돼지녀석은 여전히 호랑이를 몰라보고 꿀꿀거리며 돌아다녔죠. 호랑이는 그런 돼지를 잠시 노려보더니 돼지 주변을 돌기 시작했어요. 호랑이가 막 도니까 돼지도 따라 돌고, 그렇게 돌다가 어느 순간 공격 각도가 딱 맞자 순식간에 호랑이가 돼지 목을 물어서 끌고 가버렸어요. 결국 원시정보가 없는 돼지는 먹이가 되고 말았죠.

우리에 소가 들어간 것도 봤어요. 소는 호랑이보다 덩치가 커서 맘먹고 호랑이한테 달려들면 호랑이가 못 당할 것 같은데도 호랑이를 보자마자 도망치려고 뛰어다녔어요. 그러다가 철조망에 부딪쳐 쓰러지니까 호랑이가 쓱 올라타면서 이빨로 공격을 시작했죠. 음매음매 하는 소를 보면서 '이왕 죽을 바에야 한번 붙어나 보지' 하는 소리들이 나왔는데, 거기 사람들 얘기가 송아지가 있는 암소는 호랑이가 못 당한다고 해요. 새끼를 보호하려고 절대 뛰지 않고 호랑이에게 뿔을 겨누면 호랑이가 슬금슬금 자리를 피한답니다.

생래적으로 공포가 없을 수도 있고, 공포가 있어도 의지가 그것을 누를 수 있다는 예가 되겠죠.

신희섭 그 동물들의 사례가 바로 원시정보에 대한 연구가 될 수 있겠습니다. 원시정보가 뇌에서 어떤 식으로 유지되고 작용하는지 연구를 해 볼 생각입니다. 쥐의 유전자를 변형시켜서 공포가 없는 돌연변이 생쥐를 만들 수 있거든요. 뇌의 어느 부분이 작동을 제대로 못하게 하는 건데, 그렇다면 정상적으로 작동할 때는 뇌의 다른 부분이 어떻게 영향을 주는지, 회로가 어떻게 연결되는지를 보면 원시정보가 뇌에서 돌아가는 방식을 알 수 있을 것입니다.

이승헌 아주 흥미로운 연구가 될 것 같습니다. 이야기가 한 가지 더 생각나는데, 농가에 멧돼지가 내려와 농작물에 피해를 입힌다는 뉴스가 한창 나온 적이 있습니다. 이 때 멧돼지 피해를 입은 한 농부가 무슨 수가 없을까 생각하다가 호랑이 그림을 그려 세워 놨답니다. 전혀 효과가 없었죠. 그래서 다음엔 호랑이 울음소리를 흉내 내서 녹음한 것을 틀어 놨더니 한 며칠 보이지 않더랍니다.

하지만 며칠 뒤 또 멧돼지가 나타나자 이번에는 동물원에 가서 사정설명을 하고 호랑이 똥을 구해다가 곳곳에 놓아두었는데, 이후부터는 멧돼지가 얼씬도 하지 않았다고 합니다. 호랑이 똥 냄새가 멧돼지의 원시정보를 자극시켰던 거죠.

신희섭 가장 효과적인 방법을 찾아낸 거네요. 농부의 강한 의지로. 하하. 쥐도 고양이 털 냄새를 맡으면 도망갑니다. 물론 겁 없는 생쥐는 이 경우에도 아무런 반응을 보이지 않죠. 시각정보보다 냄새가 더 강하게 원시정보를 자극하는데도 말입니다. 그러고 보니 사람이 원시정보를 많이 이용하지 못하게 된 것도 냄새 맡는 능력이 떨어진 것과 관계가 있을 것 같네요.

이승헌 냄새가 주는 자극은 참 미세하고도 강렬하죠. 역한 이미지와 역한 냄새, 둘 중에 어느 것이 더 견디기 힘들까요?

신희섭 싫다는 감정에 더 강하게 연결되는 것은 냄새입니다. 이미지와 냄새는 뇌 속에서 전달 경로가 다릅니다. 정서 감정에 영향을 주는 것은 편도핵인데, 이미지는 뇌 속에서 다른 곳을 거쳐 편도핵으로 들어가고 냄새는 직접 전달됩니다. 그래서 역한 냄새에 대한 거부감이 더 크다고 할 수 있죠. 그런데 다른 한편으로 뇌는 냄새에 적응하는 기능이 매우 뛰어납니다. 그래서 고약한 냄새가 나는 곳에 가면 처음에는 굉장히 괴롭다가 나중에는 그 냄새를 맡지 못하게 됩니다. 피할 수 없는 상태에서 몸이 적응을 선택한 것이죠. 정서반응을 더 강하게 일으키는 것은 냄새입니다.

뇌 쓰는 법을 알게 하는 뇌교육

이승헌 원시정보 중에 제일 좋은 정보는 자연치유력, 행복에 대한 열망, 평화에 대한 지향이라고 봅니다. 건강을 싫어하는 뇌, 불행하고 싶은 뇌, 평화를 싫어하는 뇌는 없습니다. 건강, 행복, 평화는 모든 사람이 바라는 상태인데, 왜 그런가 하면 그게 원시정보로 들어와 있기 때문입니다. 안정된 생존과 번식을 위해 꼭 필요한 요소들이기 때문에 진화 과정에서 우리가 선택한 정보입니다. 이 정보들이 빛을 발하게 하는 방법, 그것을 내내 찾고 알려왔는데 전달 속도가 아직 너무 느립니다. 단학, 뇌호흡, HSP, 단무도가 다 그 방법들이고 전 세계에 천여 곳의 센터와 온라인을 통해 회원들을 교육하고 있지만 새로운 방법이 필요합니다. 그 방법의 하나로 생각하는 것이 뇌교육입니다. 뇌를 잘 사용하는 법을 가르치는 학문이 있어야 한다고 생각하고 우선 국제평화대학원대학교에 뇌교육학과를 신설했습니다. 뇌가 중요한 만큼 뇌에 대해 가르쳐야 하는데 그걸 하는 곳이 없는 겁니다. 각 스포츠 종목마다 학과가 있고 심지어 카지노학과까지 있는데 말이죠.

신희섭 뇌교육이라는 말은 현재 학계는 물론 어디서도 쓰이지 않

는 용어인데, 학문으로서의 정의가 있어야 합니다. 뇌교육이라는 말
을 쓰시는 취지는 알겠는데 사실은 뇌교육 아닌 것이 없지 않습니까.

이승헌 그렇습니다. 큰 의미에서는 모든 것이 뇌교육이죠. 그런데
모든 것이 뇌교육임에도 뇌에 대한 교육이 없는 상황을 뇌를 중심으로
정리를 해보자는 것입니다. 그래서 뇌교육이라는 말을 국제적으로 등
록하고 국제뇌교육협회를 창설합니다. 우리나라 교육인적자원부에
사단법인으로 이미 등록을 마쳤죠.

뇌교육을 통해 인류에게 건강과 행복과 평화를 회복하는 힘을 선물
하고 싶습니다. 뇌교육을 정립하는 데는 뇌과학이 이루어 놓은 연구성
과들이 모두 필요합니다. 아직 뇌가 다 연구 되지는 않았지만 교육은

시킬 수 있습니다.

뇌를 어떻게 쓰느냐 하는 것에 우리의 미래가 달려 있습니다. 학교 생활을 통해, 시험을 통해 무엇이든 배워야 할 수 있다는 정보가 우리 뇌에 들어 있습니다. 그래서 배우지 않으면 못한다고 생각하죠. 이것은 잘못된 정보입니다. 이 세상에 수많은 학자가 있는데 왜 우리가 원하는 세상이 되지 않습니까. 단지 지식만으로는 되지 않기 때문입니다. 지식이 필요하지만 그 지식을 어떻게 쓰느냐가 중요한 문제이고, 과학이 중요한 게 아니라 과학을 어떻게 쓰느냐가 관건입니다. 뇌도 마찬가지죠. 중요한 것은 뇌가 아니라 뇌를 쓰는 방법입니다. 뇌교육이 그걸 해야 합니다.

HSP는 뇌교육의 한 과목이 되겠죠. 올해 올림피아드에서 우승한 학생은 뇌의 놀라운 가능성을 다시 한 번 확인해 주었습니다. 눈을 가

린 채 컴퓨터 모니터에 나타난 색깔을 맞히는 테스트에서 그 학생은 총 36번 중 27번을 맞혔는데, 이렇게 맞힐 확률은 산술적으로 2백50만 분의 1입니다. 이 수치는 불가능하다는 뜻과 다름없습니다. 그런데 상식 수준에서 불가능해 보이는 것을 우리 뇌는 해냈습니다. 뇌의 가능성이 그만큼 큰 것입니다. 자신을 믿고 새로운 영역에 도전할 때, 뇌는 능력을 최대치로 드러냅니다.

신희섭　누구나 뇌에 대한 이해가 필요하지만 특히 아이들을 지도하는 선생님들은 뇌를 앎으로써 교수법을 새로운 차원으로 변화시킬 수 있을 것입니다. 뇌를 안다는 것은 뇌의 가능성을 깨닫는 일이죠. 뇌교육의 주요 내용은 뇌를 잘 쓰는 훈련이 될 것 같은데, 많은 사람들에게 실제적인 도움이 되리라 기대합니다.

이승헌　뇌교육을 세계화하는 것이 힘에 의한 평화가 아니라 교육에 의한 평화를 자리 잡게 하는 길이 아니겠나 생각합니다.

깨달을 것이 없다고 하는 그것에 대한 깨달음

신희섭　저는 늘 깨달음에 관한 이야기에 매료됩니다. 영화 '타이타닉'에 나온 대사도 그래서 기억을 합니다. 잭이 다이아몬드를 훔쳤다고 몰려서 묶여 있는 장면에서였는데, 잭이 로즈에게 "난 결백하다"고 말합니다. 하지만 로즈는 순간 긴가민가하죠. 결국 로즈가 잭을 구하러 도끼를 들고 힘겹게 다시 오자 잭이 묻습니다. "내가 결백한 것을 어떻게 알았냐?" 로즈가 이렇게 답합니다. "그런 게 아니다. 내가 너의 결백을 알고 있음을 깨달았을 뿐이다." 굉장히 중요하고 매력적인 대화죠.

이승헌　명상과 깨달음에 관한 이야기군요. 어떻게 깨달음에 관심을 갖게 되셨습니까?

신희섭　원시정보로 본래 있는 것 아닙니까. 하하. 한국전쟁에서 아버지가 전사하셨을 때 제가 한 살이었습니다. 이후 어머니의 삶이 제게 많은 영향을 주었죠. 우주의 진리, 근본에 대한 관심은 늘 있었는데 미국에서 포항공대로 돌아와 절을 찾던 무렵부터 관심을 더 깊이 가졌던 것 같습니다.

불교에서는 이렇게 말하죠. 깨달음은 깨달을 것이 하나도 없음을 깨닫는 것이다. 이 말을 저는 뇌과학적으로 이해합니다. 뇌 속에 회로가 다 있는데, 쓰이지 않던 회로가 활성화되는 순간의 느낌이라는 것이 있죠. 요가를 하면서 그런 체험을 합니다. 평생 사용하지 않던 뇌세포의 회로가 활성화되는구나, 나의 뉴런이 얼마나 좋아할까 하고 생각하죠. 그러니까 깨달을 것이 하나도 없음을 깨닫는다는 것은 쓰이지 않던 뇌회로가 활성화되면서 새로운 각성이 일어나는 상태라고 해석을 합니다.

제게도 남들과 마찬가지로 제 몫의 고통이 있었죠. 불안감, 욕망들, 절망 같은 고통 속에 있을 때 '삶은 가치 있지만 그것에 너무 집착하지는 말자'라고 생각했죠. 제가 대학 다닐 때 생각했던 똘똘한 문장이 하나 있습니다. '몰두하되 집착하지 않는다.' 모든 것을 쏟아 붓지만 그것에 감정적으로 집착하지는 말자는 거죠. '실패다, 그러나 괜찮다', '슬프다, 그러나 괜찮다' 이렇게 여기고 그 부정적인 감정을 더 이상 마음 속에서 키우지 않았습니다. 일종의 제 철학이었죠. 알고 보니 많은 종교나 명상에서 하는 이야기더군요. 어린 나이에 그런 생각을 했다는 것에 자부심을 갖습니다. 하하. 사실 실제로 그렇게 하는 것이 쉬운 일은 아닙니다. 단지 그런 방식으로 살고 싶었던 거죠. 그 철학이 제가 경험한 많은 문제들을 잘 넘어가게끔 도움을 주었습니다. 그래서 같은 이야기를 제 학생들에게도 합니다.

이승헌　아주 현명한 가르침입니다. 인생에서 풀지 못한 숙제가 있습니까?

신희섭　깨달을 게 없다고 하는 그것을 깨달아야겠지요. 그때 저는 삶을 아주 잘 살 것입니다. 매일 매일을 아주 충분히. 사람들을 잘 돌봐주고 아주 예민하게 새의 노랫소리를 음미하고 야생화의 향기를 즐길 것입니다. 저 자신을 포함한 이 세계를 훨씬 더 감사하게 그 진가를 인정하게 될 것입니다.

'지금부터 이렇게 살자' 할 수도 있지만 그것은 의지나 의도 없이 자연스럽게 일어나야 한다고 생각합니다. 감정을 조절하거나 그런 것이 아니고, 그 수준에 이르면 그런 것이 불필요하다고 생각합니다. 모든 것이 자연스럽게 나오는 거죠. 소나무에 바람이 불면 약간 흔들렸다가 다시 잠잠해지듯이, 어떤 사람이 나에게 소리를 막 지른다면 기분이 좀 나쁘겠지만 그것으로 끝인 거죠.

이승헌 그런 깨달음의 감각이 있습니다. 그러나 의지나 의도에 따라 그렇게 산다면 그것도 굉장히 훌륭한 삶입니다. 자동차가 필요한데 그 자동차를 자기가 꼭 만들어서 타야 할 이유는 없으니까요. 차를 사서 그냥 타고 운전을 잘 하면 되죠. 깨달음도 반드시 자기가 고행해서 얻지 않아도 된다고 봅니다. 깨달음 자체가 목적이 아니기 때문입니다. 깨달은 이들이 오래 전에 밝혀 놓은 지혜에 공감하고 그것을 실행하면서 살면, 그것이 깨달은 삶 아닐까요. 건강하기 위해서라면 깨달아야 할 필요까지는 없고, 사회적인 성공과도 아무 관계가 없습니다. 깨달음이 필요한 일은 한 가지밖에 없습니다. 평화. 내 안의 평화, 인류의 평화.

그래서 깨달음이란 선택이라고 했습니다. 깨달음의 세계가 따로 있는 것이 아니라 깨달음이 본래 상태인데 그것에서 벗어나 있을 뿐입니다.

깨달음에서 나오는 도력이란 것도 특별히 다른 무엇이 아닙니다. 깨달았다고 해서 염력으로 돈을 만들 수 있는 것도 아니고, 밥을 안 먹고 살 수 있는 것도 아닙니다. 축지법이나 천리안 같은 도력은 비행기와 인터넷을 쓰는 세상에서는 별 쓸모가 없습니다. 우리 시대에는 자신이 가진 재능, 지식, 인품, 체력, 경제력이 도력입니다. 세상에는 이러한 도력을 가진 사람이 엄청나게 많습니다. 그럼에도 세상이 이렇게 혼란하고 위태로운 것은 도력을 쓰는 방법에 문제가 있기 때문이죠. 부자가 경제력을 어떻게 쓰는지, 학자가 지식을 어떻게 활용하는지, 개인이 재능과 체력을 어떻게 쓰는지를 보면 문제가 무엇인지 알 수 있습니다. 결국 뇌를 쓰는 기준이나 방법이 문제인 거죠.

신희섭 뭔가 결심하거나 조절하는 일 없이 온전히 느끼고 반응하는 것이 제가 아는 깨달음이고, 이런 깨달음에 여전히 매력을 느낍니다. 지난 해 늦가을에 뉴욕 맨해튼에 갔을 때 가로수들이 참 아름다웠습니다. 약속한 대학 연구실에 도착해 거리에서 본 큰 나무와 작은 나무들, 떨어진 은행잎에 대해 이야기했더니 그 연구실의 동료 교수가 '그것을 놓치지 않고 즐겼다는 것이 당신의 뇌에 얼마나 좋은 일인가' 하더군요. 아주 자연스럽고 예민하게 풍경을 즐겼던 것이죠. 깨달음의 상태하고 비슷한가요. 하하.

부처님 말씀이 '모든 사람이 다 불성을 가지고 태어났다, 부처임을 깨닫기만 하면 된다' 고 하셨는데, 이는 '모든 사람이 뇌를 갖고 있다, 깨닫기만 하면 된다' 는 의미라고 봅니다. 누구나 부처가 될 자질을 가지고 있는 것이죠. 뇌가 있으니까요.

뇌를 어떻게 쓸 것인가

이승헌 박사님은 뇌가 참 깨끗한 분이라고 느낍니다.

신희섭 관상이 아니라 뇌상을 보시는 건가요. 하하. 뭔가를 생각하면 별 저항 없이 그것이 이뤄지곤 하는데, 그런 걸 보면 뇌가 그리 복잡한 사람 같진 않습니다. 의대 다닐 때 외울 것이 하도 많아서 어느 날 공부를 하다가 '이것을 너무 외우려고 하지 말고 그냥 술술 머릿속에 들어오게 하자' 생각했는데 이후 정말 공부가 잘 됐죠.

이승헌 당시에 벌써 뇌호흡을 하셨네요. 방법은 항상 있습니다. 저항만 없애면 방법이 나옵니다. 아이들에게 이것을 알려 주었습니다. 방법을 만들어 내는 것이 뇌에 대한 존중이다, 방법이 없다고 하는 건 뇌에 대한 모독이다.

HSP를 개발하던 초창기에 아이들한테 안대를 씌우고 글자를 보라고 했을 때 아이들은 그 황당한 상황에서도 스스로 방법을 만들어 갔습니다. 프로그램이 있긴 했지만 뇌에 스크린을 띄워서 보는 감각은 결국 자신의 의지와 믿음으로 만들어야 합니다. 사람들이 의심의 눈초

리로 바라보고, 언론에서 사기 아니냐 할 때도 아이들은 오히려 그런 상황을 안타까워했습니다. 그런 시기를 넘기며 성장한 아이들과 부모님들이 있었기 때문에 지금은 국내외에서 수백 명이 참가하는 HSP올림피아드 개최까지 가능해졌습니다. 매년 열리는 이 행사에 이제는 언론사가 후원을 하고 있죠. 끝까지 자기 뇌에 대한 존중을 잃지 않은 아이들이 참 대견합니다. 이 아이들은 어디서든 자신감 있는 모습으로 창조의 힘을 발휘하면서 잘 성장할 겁니다.

신희섭 올림피아드에 심사위원으로 가서 보았던 아이들과 부모들의 모습을 기억합니다. 열의가 대단했고 특히 부모가 아이와 한마음으로 집중하는 모습이 인상적이었습니다. 그것은 뇌에 대한 이해와 프로그램에 대한 신뢰 없이는 나올 수 없는 광경이라고 느꼈습니다. 더불어 일반인들도 뇌에 관심을 갖고 뇌과학적 지식을 받아들일 준비가 되어 있는 것을 확인하면서, 이후에 차츰 일반인을 대상으로 강연하는 기회를 늘려 갔습니다. HSP를 통해 저도 새로운 상황들을 계속 접하고 있습니다.

이승헌 올림피아드에 한 동작을 일정 시간 유지하는 'HSP Gym'이라는 종목이 있습니다. 힘들어도 포기하지 않고 한계를 넘는 아이들을 지켜보며 부모들은 놀라워하고 눈물을 흘리기도 합니다. 한계를 넘는 체험이 계속해서 쌓이면 뇌에 대한 믿음이 생겨납니다. 그 믿음이 모여 뇌를 잘 활용하는 습관을 형성하게 되죠. 올림피아드의 정점은 눈을 가리고 사물을 인지하는 종목인데, 수백 명의 아이들이 선보인 고등감각인지 능력은 인간이 가진 뇌에 대한 새로운 가능성을 세상에 보여 주는 것입니다.

코페르니쿠스가 지동설을 주장할 때 아무도 믿지 않았지만 지구가 돈다는 것은 명백한 사실이었고, 이후 지동설이 증명되면서 우주와 지구에 대한 새로운 이해가 가능해지지 않았습니까. 또 수많은 사람이 사과나무에서 사과가 떨어지는 것을 봤지만 뉴튼이 만유인력의 법칙을 발견한 이후에야 인류는 새로운 시각으로 세계를 바라보게 되었죠. HSP도 그러한 여정 속에 있다고 봅니다. 눈을 가리고 사물을 인지하는 상황을 처음에는 사람들이 믿지 않았지만 지금은 올림피아드를 통해 뇌의 무한한 가능성을 확인하고 있고, 뛰어난 과학자들이 이를 연구하고 있습니다. 이 같은 성과들을 축적하고 알림으로써 사람들이 뇌의 가능성을 깨닫고 삶에 대한 새로운 시각을 갖게 될 것이라고 믿습니다.

결국 인류의 미래는 뇌를 어떻게 쓰느냐에 달려 있습니다. 우리가 고대하는 인류의 평화는 종교, 사상, 국가, 제도의 힘으로 이뤄지지 않습니다. 현재와 같은 비평화 상태를 만들어 놓은 것이 바로 우리의 뇌라는 것을 알고, 뇌를 잘 쓰는 방법을 다시 터득해야 합니다. 뇌교육으로 그것을 하려고 합니다.

아직 지구에는 인류정신이라는 것이 정립되지 않았다고 봅니다. 어떤 종교도, 어떤 사상도, 어떤 강대국도 인류가 동의하는 가치관을 내놓지 못했습니다. 인류를 통합하는 보편타당한 가치관이 필요한데,

저는 그것이 뇌에서부터 나올 수 있지 않겠나 생각합니다.

신희섭 교육은 언제나 중요합니다. 저도 우리 문화가 변화하고 발전하는 중심에 뇌가 자리할 거라고 봅니다. 뇌를 통해 인간을 이해하는 것은 물론 정치, 경제, 사회, 문화 현상 전반을 뇌의 특성에 비춰 분석하고 계획하는 일들이 일어날 겁니다. 이러한 흐름의 한가운데에 뇌과학이 있겠지요. 뇌교육이 성장한다면 아마 그 흐름 자체를 조정하는 기능을 맡을지도 모르겠습니다.

저는 뇌과학자로서 발견의 즐거움을 많이 누리고 싶습니다. 내가 즐거운 만큼 뇌과학이 발전하고 문화도 그만큼 진보하면 좋겠죠. 진화는 생존과 번식을 기준으로 일어납니다. 그러나 진보는 그것과 다른 기준이 필요합니다. 행복과 평화 같은 것이겠죠. 이것도 크게 보면 결국 생존하고 번식하는 데 필요한 조건입니다. 그래서 희망이 있다고 봅니다. 인류가 행복과 평화를 선택할 때에 성공적인 진화가 가능하리라는 것이죠. 우리의 행복한 진화사가 이어지기를 바랍니다.

뇌를 발견하다, 희망을 회복하다 — 일지 이승헌

인간은 태어나면서부터 죽음을 예약해 놓습니다. 한 명도 인생에서 살아남을 수 없습니다. 태어나는 순간 죽음을 향해 갑니다. 또 쉽게 죽는 것도 아니고, 수많은 과정을 거치면서 고통을 음미해야 합니다. 하지만 애초에 비극으로 설정된 듯 보이는 인생에서 인간은 끈질기게 희망을 찾고 확산시키면서 삶의 시나리오를 변용해갑니다.

이 모든 작용이 뇌에서 비롯됩니다. 우리가 인간의 행동과 마음을 뇌의 기능으로 이해하게 된 것은 비교적 최근의 일입니다. 제게도 뇌를 인식하게 된 것이 인생의 큰 발견이었습니다. 죽음의 문턱까지 가는 수행을 통해 내가 누구이고 무엇을 해야 하는지 알고 난 이후 뇌를 인식하게 되었는데, 이는 자신을 이해하는 새로운 눈을 얻은 것과 같았습니다. 이것을 다른 사람들도 체험하게 하기 위해 개발한 것이 뇌호흡과 HSP입니다.

이 프로그램을 통해, 자신의 사고방식이 타고난 성격에서 비롯된 것이라 어쩔 수 없다고 생각하던 사람이 나도 바뀔 수 있고 성장할 수 있다는 자신감을 회복하는 경우를 많이 봅니다. 어쩔 수 없다고 생각하는 것도 나고, 성장할 수 있다고 믿는 것도 나입니다. 뇌 안에 두 기능이 다 있습니다. 그래서 뇌를 어떻게 쓰는가가 무척 중요합니다. 그것에 개인의 삶이 달렸고, 나아가 우리 모두의 미래가 달렸습니다. 이런 사실을 많은 사람들이 안다면 그만큼 더 희망이 있겠지요. 그래서 이제 '뇌교육'을 시작합니다. 뇌를 잘 쓰는 방법을 뇌교육을 통해 알리고자 합니다.

주변을 둘러보면 삶을 위태롭게 하는 많은 문제들이 있습니다. 환경오염으로 지구온난화가 빠르게 진행되고 전쟁, 차별, 대립 등 관계에서 비롯된 문제들도 끊임없이 충돌을 빚고 있습니다. 이 모든 문제를 만든 장본인은 인간입니다. 인간의 뇌가 창조한 현실이 인간을 위협하고 있습니다.

인간은 누구나 건강과 행복과 평화를 원합니다. 마피아 두목도, 테러리스트도, 독재자도 그것을 원합니다. 그런데 모두가 원하는데도 그 바람이 이루어지지 않는 이유가 무엇일까요? 그것은 그렇게 하는 방법을 모르기 때문입니다. 건강하고 행복하고 평화로워지려면 뇌를 어떻게 써야 하는지 알지 못하는 것입니다. 이 방법을 아는 사람이 많아진다면 그것에 더 가까이 갈 수 있겠지요.

새로운 기회는 항상 위기 속에서 탄생합니다. 우리의 현실을 불행한

결말로 이끌지, 행복한 출발점으로 삼을지는 우리의 선택에 달려 있습니다.

뇌를 발견해야 합니다. 뇌를 더 이상 블랙박스로 두지 말고 보물 상자가 되도록 해야 합니다. 그 보물 상자 속에는 내가 찾고자 하는 값진 것이 틀림없이 들어 있을 것입니다. 왜냐하면, 사실은 그것이 자신을 찾아내도록 계속 신호를 보낸 것이기 때문입니다. 행복을 원한다면 행복을 이룰 수 있는 방법을 뇌 속 보물 상자에서 발견할 수 있습니다. 뇌교육은 그 보물 상자를 여는 열쇠가 될 것입니다.

뇌교육을 준비하면서 신희섭 박사님과 대화하는 기회를 가진 것은 아주 의미 있는 일이었습니다. 신박사님과의 대화를 통해 뇌과학의 입장을 더 이해하게 되었고, 뇌과학을 기반으로 뇌교육이 어떻게 정립되어야 할지를 판단하는 데 중요한 도움을 얻었습니다. 우리의 대화가 이 책을 읽는 이들에게도 도움이 되기를 희망합니다.

고통만큼 희망도 언제나 가까이 있습니다. 파랑새가 집 안에 있었듯, 희망은 내가 생각하는 바로 그 자리인 뇌 속에서 나를 기다립니다.

2006년 10월

일지 이승헌

뇌를 알면 행복이 보인다

초판 1쇄 발행 2006(단기 4339)년 10월 28일
초판 10쇄 발행 2020(단기 4353)년 3월 31일

지은이 · 이승헌 신희섭
펴낸이 · 심정숙
펴낸곳 · (주)한문화멀티미디어
등록 · 1990. 11. 28. 제 21-209호
주소 · 서울시 강남구 봉은사로 317 논현빌딩 6층(06103)
전화 · 편집부 2016-3533 영업부 2016-3500
www.hanmunhwa.com
 E-mail : book@hanmunhwa.com

만든 사람들
책임편집 · 방은진 | 교정 · 최연실 | 디자인 · 이정희 이성민

ⓒ 이승헌 · 신희섭, 2006
ISBN 978-89-5699-310-2 03370

브레인월드는 한문화의 '뇌 전문' 출판 브랜드입니다.